ドキュメンタリー

「店舗銀行」

葛和満博――全仕事

岡田晴彦【著】

発行:ダイヤモンド・ビジネス企画　発売:ダイヤモンド社

はじめに

長崎県佐世保湾浦頭。

穏やかで深き蒼をたたえたこの海が、流転に晒された少年・葛和満博の日本でのスタートの地である。

「満州」に生まれ、満州で育ち、やがて敗戦によって生まれた街を追われ、この地に引揚者として上陸する。上陸後は検疫の名の下に強制的に留められ置かれた。

「食べるものがない、着るものがない、それが普通の生活だったから何の不自由など感じなかった」と葛和は語るが、浦頭引揚記念資料館に展示されている様々な事物は、七〇有余年前にここに存在した検疫所での厳しい状況を語って、余りあるものがある。

港から検疫所の宿舎まで重い荷物を背負ったまま10キロの山道を歩かされるなど、故郷を追われた葛和少年の目に、ようやく辿り着いた母国の山河はどのように映ったのだろうか。

その後も、行く宛てを失いながら、家長を失った家族の先頭に立ち、生活闘争を続けていく葛和少年。

そうした葛和少年が不動産業から飲食業経営へと乗り出し、やがて、幾つもの複合商業施設やホテルを建設し、そしてその経営へと突き進んでいく。その姿を思い浮かべると筆者は浦頭に上陸した時から、葛和の人生の目的は何一つぶれていなかったのではないかと感じる。

イタリアの建築家、アルド・ロッシに九州に二つものホテルを作らせ、北海道の地で、建築物なき建築家といわれたナイジェル・コーツにホテルや飲食ビルを作らせた葛和満博。

アーティストの名は、そのまま世に残るのに、その開発者の名前は残るものではない。

しかし、「ロックフェラーセンター」に始まり、「トランプタワー」まで、そのオーナーの名を冠した建物は少なくない。逆に個性的で、多くの人に知られる建物であればあるほど、そのオーナーの名を広く知らしめている存在のとなっている。

葛和は自分自身の名前を自分自身が建てたビル、ホテル、どこにも冠してはいない。それは、なぜか——。読者の皆様と共に70有余年の旅に出たい。

二〇二〇年一一月十一日

株式会社ダイヤモンド・ビジネス企画　取締役・編集長　岡田晴彦

目次

序章　満州からの引揚者が戦後の東京で夢見たものは

八歳で父を失い、残された家族とともに佐世保へ

一枚の写真が残されている。

撮影された年月日は定かではないが、写っている人物とその年格好から、おおよその年代を推定することはできる。

写真の背景となっている建物の壁には「Manchuria Motors（満州モータース）」と英語で記された額が掲げられているから、撮影場所はこの満州モータースなる会社の事務所、あるいは店舗の内部ということがわかる。漢字で「福特」と読めるのは、アメリカの自動車メーカー、フォード・モーター・カンパニー（Ford Motor Company）の中国語表記である。すなわち、満州モータースとは、アメリカ・フォード社の満州における販売代理店だったということだ。

「満州」とは、中国東北部（現在の遼寧《りょうねい》省、吉林《きつりん》省、黒竜江《こくりゅうこう》省の三省および内モンゴル自治区の東部）の地名、もしくは同地を支配していた民族名であり、中国最後の統一王朝となった「清」は満州族の王朝であった。一九三二（昭和七／大同元）年三月一日、日本の関東軍はこの地を武力占領すると「満州国」と称して独立

MANCHURIAN
AUTHORISED
満洲モータース
Ford
總代理店
福特汽車
フォード
Ford

を宣言し、国家元首には清朝最後の皇帝であった愛新覚羅溥儀《あいしんかくらふぎ》を祭り上げた。そして、吉林省長春市を満州国の首都として、「新京」と命名した。

満州モータースのオフィスは、この満州国の首都・新京に次ぐ第二の都市、奉天市（現・遼寧省藩陽市《しんようし》）の一角に所在していたアメリカ・フォード社は史上初めて工場での大量生産による自動車の低価格化・大衆化に成功した自動車メーカーで、同じアメリカのゼネラルモーターズ社とともに満州国内のシェアの約半分を占めていたという。

もっとも、一九三〇年代当時といえば、満州国はもとより、日本でもモータリゼーションの波は到来していない。したがって、個人で自動車を所有できるのは一部の富裕層に限られていたはずであり、それで商売が成り立っていたのであれば、満州モータースの経営者は、当時の満州国の政・財界にそれなりに強力なパイプを持っていたということになる。

左ページの写真右端に写っている人物こそ、その満州モータースの経営者本人だ。写真では年齢の見当がつきにくいが、当時三〇歳そこそこだったはずである。彼の横に三人の人物が写っているが、当時の満州モータースの従業員（もしくは関係者）であろうというだけで、今となってはその素性も名前もわからない。

たった一枚だけ残っている家族での写真。
左から四人目が満博。

――写真の撮影時期は、おそらく一九三七～一九三八（昭和一二～一三）年頃。そして、写真の主役である満州モータースの経営者こそ、在りし日の葛和満博の父・武治である。

退色した白黒写真の中の三〇そこそこの父親と、米寿を迎えた現在の葛和満博とを見比べてみても、共通した面影を見いだすことは難しいが、正面を真っすぐ見据える意志の強い双眸《そうぼう》には、どこか血の繋がりを感じさせる光が宿っているかもしれない。

ともあれ、この写真が撮影された頃は、葛和の父親にとって、満州へ渡って以来もっとも意気軒高としていた時期であったことは間違いない。何しろ、「写真を撮る」というだけでも、当時にしてみれば特別な「晴れの日のイベント」である。そんな父親の羽振りの良さは、満博たち葛和家の家族にとっても安定した暮らしをもたらしてくれたであろう。

しかし――そんな人もうらやむ暮らしぶりも、長くは続かなかった。

件の写真撮影からおそらくは一年と経たないうちに、満州モータースの経営者であり、葛和家の大黒柱でもあった父親は、あっけなく病死してしまったのである。結核であった。

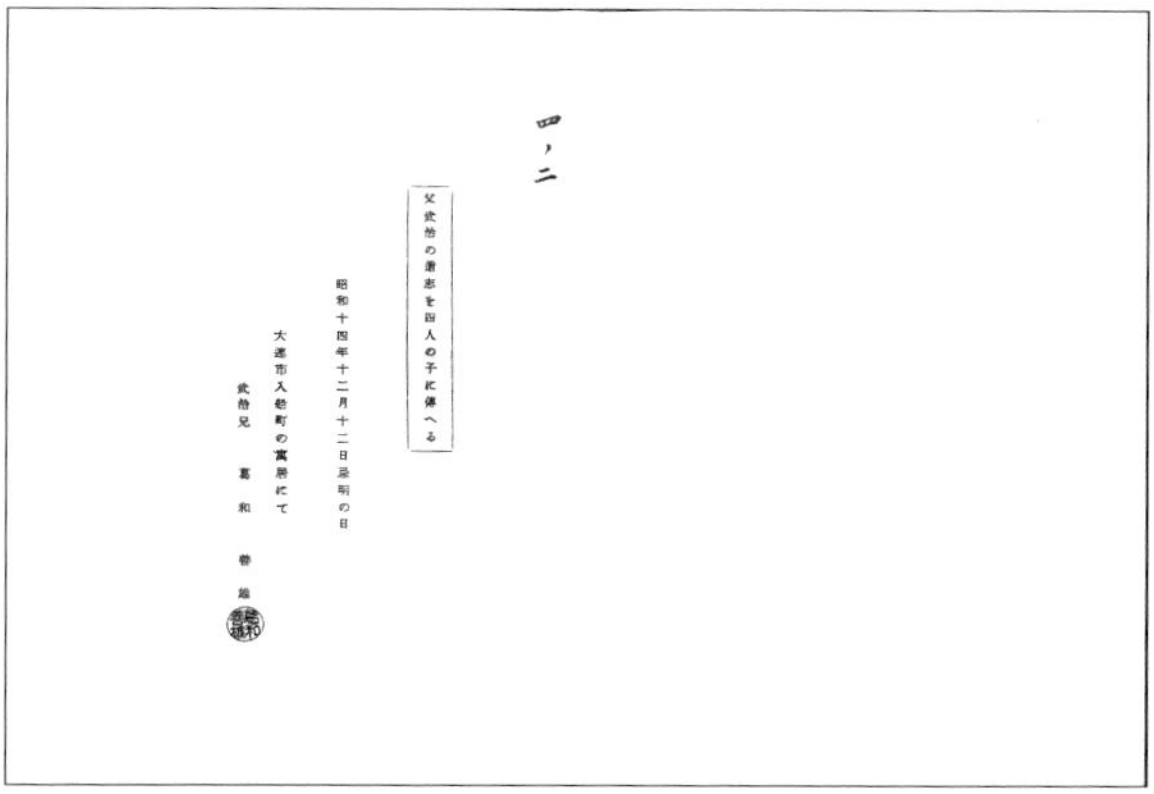

四ノ二

父武治の遺志を四人の子に傳へる

昭和十四年十二月十二日黎明の日

大連市入船町の寓居にて

武治兄　葛和善雄

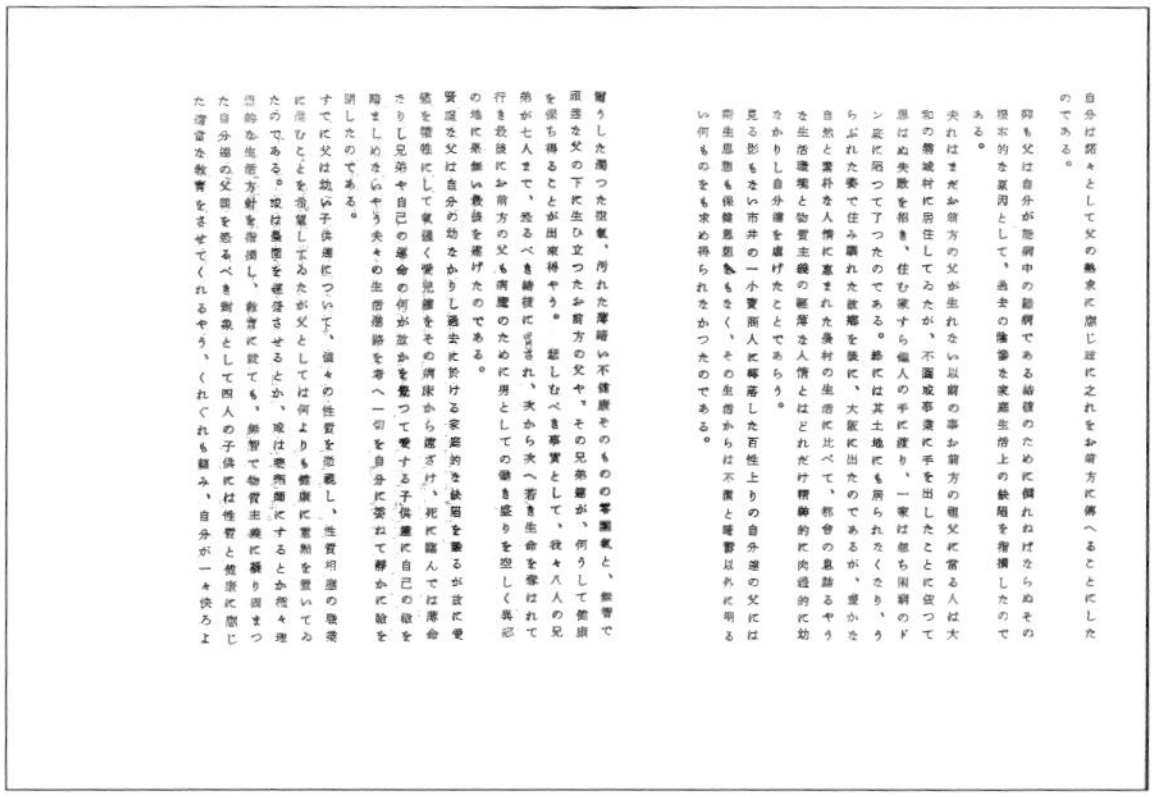

自分は諄々として父の熱求に應じ茲に之れをお前方に傳へることにしたのである。

抑も父は自分が臨病中の話柄である結論のために伺れねばならぬその根本的な原因として、過去の陰慘な家庭生活上の缺陷を指摘したのである。

夫れはまだお前方の父が生れない以前の事お前方の祖父に當る人は大和の磐城村に居住してゐたが、不圖或事業に手を出したことに依つて思はぬ失敗を招き、住む家すら他人の手に渡り、一家は忽ち悲劇のドン底に陥つて了つたのである。終には其土地にも居られなくなり、うらぶれた姿で住み馴れた故郷を後に、大阪に出たのであるが、豊かな自然と素朴な人情に恵まれた農村の生活に比べて、都會の息詰るやうな生活環境と物質主義の輕薄な人情とはどれだけ精神的に肉體的に幼なかりし自分達を虐げたことであらう。

見る影もない市井の一小賣商人に零落した百姓上りの自分達の父には衛生思想も保健思想もなく、その生活からは不潔と暗鬱以外に明るい何ものをも求め得られなかつたのである。

鬱うした濁つた空氣、汚れた薄暗い不健康そのものの雰圍氣と、無智で頑迷な父の下に生ひ立つたお前方の父や、その兄弟達が、何うして健康を保ち得ることが出來得やう。　悲しむべき事實として、我々八人の兄弟が七人まで、恐るべき結核に冒され、次から次へ若き生命を奪はれて行き最後にお前方の父も病魔のために男としての働き盛りを空しく異郷の地に果無い最後を遂げたのである。

賢明な父は自分の幼なかりし過去に於ける家庭的な缺陷を擧るが故に愛情を犠牲にして氣強く愛兒達をその病床から遠ざけ、死に臨んでは運命たりし兄弟や自己の運命の何が故かを觀つて愛する子供達に自己の轍を踏ましめないやう夫々の生活進路を考へ一切を自分に委ねて靜かに瞑目したのである。

すでに父は幼い子供達について、個々の性質を洞觀し、性質相應の職業に進むことを希望してゐたが父としては何よりも健康に重點を置いてゐたのである。或は藥園を經營させるとか、或は寫真師にするとか種々理想的な生活方針を指摘し、教育に就ても、無智で物質主義に凝り固まつた自分達の父親を怨るべき對象として四人の子供には性質と健康に應じた適當な教育をさせてくれるやう、くれぐれも頼み、自分が一々快ろよ

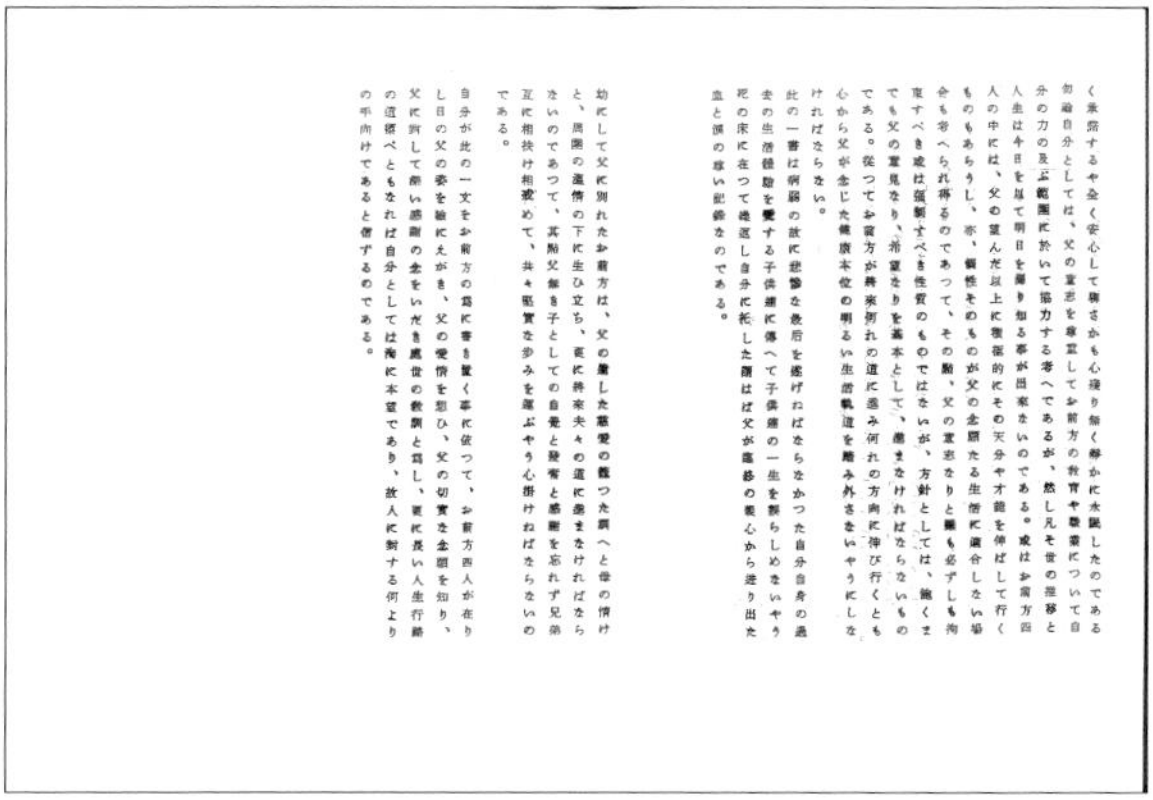

く承諾するや全く安心して稍さかも心殘り無く靜かに永眠したのである

勿論自分としては、父の意志を尊重してお前方の教育や職業について自分の力の及ぶ範圍に於いて協力する考へであるが、然し凡そ世の推移と人生は今日を以て明日を計り知る事が出來ないのである。或はお前方四人の中には、父の望んだ以上に積極的にその天分や才能を伸ばして行くものもあらうし、亦、個性そのものが父の念願たる生活に適合しない場合も考へられ得るのであつて、その點、父の意志なりと雖も必ずしも拘泥すべき或は強制すべき性質のものではないが、方針としては、飽くまでも父の意見なり、希望なりを基本として、進まなければならないものである。從つてお前方が將來何れの道に進み何れの方向に伸び行くとも心から父が念じた健康本位の明るい生活軌道を踏み外さないやうにしなければならない。

此の一書は病弱の故に悲慘な最后を遂げねばならなかつた自分自身の過去の生活體驗を愛する子供達に傳へて子供達の一生を誤らしめないやう死の床に在つて繰返し自分に托した謂はば父が臨終の衷心から迸り出た血と涙の尊い記録なのである。

幼にして父に別れたお前方は、父の遺した慈愛の籠つた願へと母の情けと、周圍の溫情の下に生ひ立ち、更に將來夫々の道に進まなければならないのであつて、其點父無き子としての自覺と發奮と感謝を忘れず兄弟互に相扶け相戒めて、共々堅實な歩みを運ぶやう心掛けねばならないのである。

自分が此の一文をお前方の爲に書き置く事に依つて、お前方四人が在りし日の父の姿を胸に描き、父の愛情を想ひ、父の切實な念願を知り、父に對して深い感謝の念をいだき處世の教訓と爲し、更に長い人生行路の道標べともなれば自分としては洵に本望であり、故人に對する何よりの手向けであると信ずるのである。

父の遺志により、伯父に託された子供たちへの手紙。

この時代、治療法も、回復例も、すでに存在していたとはいえ、結核は現在の新型コロナウイルス感染症にも比肩するまぎれもない死病であり、恐ろしい法定伝染病であった。

参考までに——一九三四（昭和九）年に行われた調査によると、同年一年間に確認された日本の結核患者数は一三一万五二五〇人であったとされ、これは当時の総人口の約二％に相当する。このうち、死亡したのは一三万一五二五人、すなわち死亡率は一〇％である（数字のキリが良過ぎることから、患者数か死亡者数のどちらかは実数ではなく概算値であろう）。これは日本本土の話であるから、医療体制の整備されていない中国大陸、それも数年前に建国されたばかりの満州国ではそれ以上に悲惨な状況であったことは想像に難くない。

「親の死に目に会えなかったどころか、見送ることもできませんでした」

葛和満博は淡々と言う。感染予防の観点から、結核による死者には遺族といえども触れることが許されなかったというのだ。その点も、現在の新型コロナウイルスと共通している。ただし、葛和の父親は亡くなる以前に、一通の遺書をのこしていた。この遺書は、残された家族の身の証しとして、当時としては珍しく活字で印刷された公式文書であり、父親の兄、遺児たちにとっては伯父に当たる人物を通じて葛和の母親に手渡されたという。

父が亡くなったのは一九三九（昭和一四）年、長男の葛和満博が八歳のときであった。彼の下には、奉天で生まれた妹二人を挟んで末の弟がおり、母親は異国の空の下でいきなり四人の幼子を抱える身となった。

何しろ八〇年前の出来事であり、当時八歳の葛和満博にとってはまだよく理解できないことばかりであったというが――父の死から約五年間、葛和家はなお中国大陸にとどまっていた。ただし、その頃葛和家の周囲には五軒の日本人が住む家屋があったが、葛和家は他の日本人家族とともに狭い一軒の家に押し込められ、残る四軒には市外からやって来た中国人が入居するようになったという。この中国人たちは、毛沢東を指導者と仰ぐ八路軍であった。

八路軍の進攻後、満州国の日本人は次第に身の危険を覚えるようになり、日本軍の移動先に追随しようとする者も増えていった。葛和家も満州国を脱出し、関東州（南満州地方にある関東軍が駐留していた日本の租借地）の大連市（現・遼寧省大連市）へ移っている。大連市は、葛和満博の生まれた土地でもあった。

しかし、その後も八路軍の進攻はとどまらず、ついに一九四四（昭和一九）年、葛和家は他の満州から逃げてきた「脱満」日本人たちとともに、海を渡って日本へ帰国することになった。このとき、葛和満博は一四歳であったという。

終戦の前年である。翌一九四五（昭和二〇）年八月の広島・長崎への原爆投下と、これに乗じたソ連軍による満州侵攻を前に帰国の途に就けたことは幸運だったに違いないが、それでも命からがらの脱出行であった。難民たちは着の身着のまま、ほとんど手荷物一つで引揚船に乗り込むことになった。葛和の母親が、満州モータースの写真や父親の遺書を持ち出すことができたのはほんの僥倖《ぎょうこう》にすぎない。とはいえ、生き残った家族五人が離ればなれになることもなく、一行は無事に長崎県の東彼崎針尾村浦頭（現・佐世保市針尾北町）にあった浦頭港で母国の土を踏むことができた。


浦頭港はその後、一九五〇（昭和二五）年四月までの間に、軍人・軍属・一般邦人合わせて約一四〇万人の引揚者を受け入れることになった。

現在、彼らが降り立った浦頭港の引揚桟橋付近には「引揚第一歩の地」と刻まれた浦頭港引揚記念碑が建立されている。

資料：浦頭引揚記念資料館

大阪・枚方市で戦後の混乱期を過ごし、高校卒業を機に上京

葛和満博の父親はもともと、奈良県の出身である。

昭和初期――世界的な不況下で職にあぶれ、食い詰めた日本人の多くは、当時〝新天地〟ともてはやされた中国大陸へ渡り、新興国満州で一旗揚げることを夢見た。彼らは「大陸浪人」と呼ばれ、その多くは、自分以外何一つ頼れる者のない異国の地で、筆舌に尽くし難い苦労を味わったという。そんな数知れない大陸浪人たちの中で、満州モータースという会社を立ち上げることができた葛和の父親は、まずまず成功者の部類に入るだろう。だが、それも結局は父の死とともに一切は水泡に帰した。

父の遺書を手渡してくれた伯父も、他の父の兄弟たちも、皆結核で亡くなっていた。大陸で築き上げたすべてを失い、ほとんど身一つで佐世保に上陸した葛和家は、ひとまず、奈良の父親の生家を頼ろうとした。本家は当時、日本にとどまった親類の誰かが継いでいたようだ。

だが、生家で彼らを待ち受けていたのは冷ややかな視線であった。勝手に家を飛

び出して、海の向こうでのたれ死んだからといって、今さら頼って来られても迷惑だ――そのような意味の言葉を投げつけられ、門前払いも同然の仕打ちであったという。仕方なく、葛和の母親は四人の子どもを連れて引き下がるしかなかった。

行く当てのない一家は、同じような境遇の大陸帰りの者たちを収容している〝引揚者寮〟と呼ばれる施設に入った。寮、といっても、実態はだだっ広いだけの体育館である。支給されたかび臭い敷布に家族が身を寄せ合って暖を取り、水のように薄い雑炊をすすって辛うじて飢えをしのぐような毎日であったという。

「僕にとっては、そこがスタートですよ」

葛和満博は言う。現在から考えれば生き地獄のような生活であったが、母国での生活のスタートとなった長崎・佐世保の地には、今でも特別な思い入れがあるのだといら。

「もしあの頃、どこにも行くところがなかったら、そのまま佐世保に住み着いたかもしれません……」

良い思い出など一つもないはずの土地であったが、それでも、佐世保は〝第二の故郷〟とでもいうべき、日本における葛和の原点となっているようだ。ずっと後年、葛和が長崎の思案橋に「WITH長崎」をオープンし、商店街の再開発事業に乗り出したのは、言ってみれば〝故郷に錦を飾る〟という思いが根幹にあるのかもしれない。

やがて終戦の年を迎え、日本は名実ともに敗戦国となった。

だが、辛くも生き残った日本人たちは、その日その日の食を確保しなければならない。そんな頃、葛和の母親は、父親が生前親交のあったある人物を頼ることにした。

その人物というのは、安宅産業株式会社の創業者・安宅弥吉氏であった。

安宅産業は、一九〇四（明治三七）年七月に創業した安宅商会の後身であり、戦前から戦後の一時期にかけて、三井物産、三菱商事、岩井商店（現・双日）とともに官営八幡製鐵所の指定問屋四社の一つとなった。最盛時には一〇大総合商社の一角として、最大売上高二兆六千億円を誇った国内有数の大企業だ。

安宅弥吉は一八七三（明治六）年、石川県金沢市の出身である。東京高等商業学校（現・一橋大学）卒業後、貿易商を志して香港へ渡り、現地で日森洋行（日下部商店）の香港支店共同経営者となる。その後、帰国して安宅商会を興し、一九三五

（昭和一〇）年には大阪商工会議所会頭に就任する。翌一九三六（昭和一一）年には南満州鉄道株式会社の監事となって満州へ渡っており、おそらくはこの時期に満州モータースを創業した葛和の父親と交流を持っていたものと推測される。

葛和家が帰国する前年、一九四三（昭和一八）年六月に弥吉翁は脳出血で倒れ、その後は大阪府枚方市の自宅で療養生活を送っていた。葛和の母親が、亡夫の知縁を頼って弥吉翁を訪ねたのは、そんな時期であった。

当時すでに安宅産業の経営からは引退していた弥吉翁であったが、安宅家は母子に同情的であり、身元引受人となって母親には知人宅の家政婦の仕事を紹介してくれた。また、当時安宅家では大阪市内の森ノ宮に染物工場を構えており、その一角に一家が住むための家も世話してくれた。

さらに、葛和満博は大阪の安宅産業で丁稚《でっち》奉公のような見習い仕事を与えられた。

葛和は昼間、物品係として働きながら、夜には定時制高校に通うことまで許してくれた。この時期に、葛和は後に彼自身の運命を切り開く強力な武器となる「英語」を習得している。

もちろん、高校レベルの授業だけで高度なビジネス英会話ができるようになるはずもなく、働きながら仕事を通じて実践で習い覚えていったのである。

こうして、葛和満博は無事、大阪府立北野高等学校（定時制）を卒業することができた。


――余談だが、葛和が卒業した一九四九（昭和二四）年春、北野高校野球部は選抜高等学校野球大会に出場し、全国優勝を果たしている。高校卒業を機に上京した葛和は、はるか東の空の下で母校の活躍を耳にする機会があったかどうか――。

早稲田大学在学中に貿易業で起業し、一年で大学を中退

高校卒業の資格を得てすぐ、葛和満博は単身上京することにした。

当時のことだから、もちろん新幹線などはない。特急料金などは論外の身だから、在来線の鈍行列車を乗り継ぎ、大阪から東京までは一〇時間以上かかった。

葛和が東京をめざした理由はいくつかあるそうだが、その一つは、大学進学であった。

戦後間もない時期であり、当時の大学進学率は一割にも満たない。「大学へ行く」などと口にすれば、「末は博士か大臣か」と騒がれるような時代であった。別に学者や政治家になりたかったわけではないが、「大学に入って学びたい。これからは、どんな商売をするにも学問が必要になるはずだ」と葛和満博は考えたのである。

とはいえ、高校を卒業したからといって、それだけで大学に入れるわけではない。進学するには入学試験に合格しなければならず、そのためにはまず、願書を提出して受験の手続きをしなければならない。

大学へ行くなら、やはり東京だろう——という思いもあった。大阪にも大学はいくつかあったが、何といっても東京は日本の首都であるだけに、大学の数も多ければ教授のレベルも高い。葛和の学びたいことが学べる大学は、東京にしかない——とまではいかなくても、東京ならば確実にあった。

ともかく上京し、希望の大学に受験の手続きをして、次の入試までには万全の状態で臨めるようにがむしゃらに猛勉強するしかない。そうすれば、必ずやお望みの結果に到達することができるはずだ。少なくとも、葛和満博はそう確信していた。

東京での落ち着き先には、一応、当て〝らしきもの〟があった。東京行きの鈍行に乗り込んだ時点では、いや、一〇時間余の列車の旅を経て東京駅に降り立った時点では、それは確実な当てそのものだった。

その頃、安宅産業は東京の京橋に支店を設けていた。葛和の上京に当たって母親が京橋支店での勤務を会社に願い出をしてくれており、葛和満博は、そこで世話になるつもりでいた。

だが――慣れない東京の道に迷いながら、どうにかたどり着いた京橋支店を訪ねてみると、そんな話はまったく伝わっていなかったのである。

京橋支店の人間は、大阪から突然訪ねてきた若造を、まるで縁もゆかりもない行きずりの赤の他人として扱った。葛和は自分の名を名乗り、大阪の安宅産業で働いていたことを説明して「勤めさせてもらえませんか？」と申し出たのだが、けんもほろろに断られてしまったのである。

どうしてこんな行き違いが起こったのか――。

これは結局、葛和満博の若さからくる未熟さ故であったようだ。彼は確かに、大阪の安宅産業の庶務課長に高校卒業後の身の振り方について相談した。それに対する課長の答えが、「東京へ行って聞いてみたら？」ということだった。つまり、「ここでは東京のことはわからないから、自分で聞いてみなさい」という意味だったのだが、それを聞いた葛和は、「東京へ行きさえすれば何とかなる」と早合点してしまったわけだ。

実際には何一つ具体的な交渉をしたわけでもないのに、すっかり「話はついている」ものと思い込み、確認も根回しもしないまま東京までのこのこ出てきてしまったのである。

いずれにしても、東京へ来るまでに葛和が脳裏に思い描いていた未来図は、絵に描いた餅となった。安宅産業の京橋支店に勤め、当面の住まいを世話してもらい、働きながら大学進学のための勉強に励む。そのどれ一つとして、葛和の希望が叶えられることはなかった。

その残酷な事実を悟ったとき、葛和満博はしばし放心した。せっかく東京へ出てきたというのに、これでは何にもならないではないか……。

放心状態にあったのは、しかし、実際にはそれほど長い時間ではなかった。当てが外れ、途方に暮れていたのは事実だが、だからといって天を仰いで絶望していても始まらない。とりあえず、どうにかして当面の仕事と落ち着き先を探さなければならなかった。

この時代、地方から上京してきたばかりの学生が――この時点では、まだ学生ではなかったわけだが――東京での仕事の口を探そうと思ったら、学生会館でアルバイトを紹介してもらうのが早道だった。葛和満博は九段の学生会館へ足を運び、事情を話して適当な仕事先を紹介してもらった。そこで紹介されたのが、当時神田にあったとある製本会社である。

戦後間もないこの時期は、俗に〝カストリ雑誌〟と呼ばれた大衆雑誌の創刊ブームであった。カストリとは本来、当時の赤ちょうちんや屋台の飲み屋で提供されていた質の悪い安酒のことで、「三合も飲めば酔い潰れてしまう」と言われていた。それに引っかけて、「三号も出したら雑誌が（または版元が）潰れてしまう」質の悪い雑誌をカストリ雑誌という。内容は、もっぱらエロ・グロ・ナンセンスが売りの低俗な読み物がほとんどだったが、戦時中の反動で娯楽に飢えていた大衆の熱狂的な支持を受け、雨後の筍のように次から次へと新しい雑誌が創刊されては消えていった。

葛和が紹介されたアルバイト先でも、そうしたカストリ雑誌を大量に扱っていた。版元の大半は名前も聞いたことがないような零細出版社であり、ページ数も薄っぺらく、一冊当たりの部数もたかが知れていたが、何しろ種類が多かったために目の回るような忙しさだった。

このアルバイト先で、葛和は一人の男と知り合った。彼も学生アルバイトで名前を井上常夫といった。年も近く、二人はたちまち意気投合した。聞けば、彼も地方から上京してきて、東松原で下宿暮らしの身だという。そこで、葛和は提案してみた。

「どうだろう？　僕が君に英語を教えるから、君の下宿に僕を同居させてくれないか？」

昨今であれば賃貸契約違反は間違いないところだが、当時の基準はおおらかなものだった。ほんの数年前まで、ある日突然空襲で家を焼かれ、いきなりその日から住むところを失って知人の家に転がり込むという状況が日常茶飯事だった名残だろう。逆に、終戦直後の極限状況に比べたら、人々の生活にそれなりに余裕が生まれはじめていた頃でもあり、「困った時はお互い様」という優しい気風も、未だ根強く残っていた。

京王井の頭線の東松原駅を最寄り駅とする彼の下宿先に厄介になると、葛和は約束通り、彼に英語の個人レッスンを行ないつつ、その一方で受験勉強にも取り組んだ。英語のレッスンは家賃代わりだから、それとは別に生活費を稼ぐためのアルバイトもしなければならず、葛和の生活は多忙を極めたが、その甲斐あって一年後の一九五〇（昭和二五）年春、早稲田大学商学部に無事合格を果たしたのである。

「こう言っては何ですが、入試は三科目だけでしたし、私は絶対に通ると思っていました。だから、合格発表の時も、ごく普通に持って行った受験票で番号を確認し、『あ、ちゃんと通ってるな』と思って、すぐ母親に連絡したんです」

ことさら自慢するでもなく、葛和満博は淡々と結果を語った。とはいえ、合格したら、今度は入学金や学費も稼がなければならなくなる。

大学に籍を置きながらお金を稼ぐには、一流大学の大学生という立場を最大限に活かした仕事をするのが効率的だ。昨今であれば家庭教師や塾講師などの仕事があるが、当時は、そこまで教育熱心な家庭は世間にほとんどなかった。そこで、葛和が選んだのが、英語力を活かした通訳の仕事であった。

サンフランシスコ講和条約が発効して、日本が主権を回復するのはこの二年後の一九五二（昭和二七）年四月のことだから、葛和の大学入学当時はまだ日本は占領下であり、東京では至るところに進駐軍がいた。葛和は、代々木の「ワシントンハイツ」（在日米軍施設）や、日比谷通り沿いの「明治生命館」といったＧＨＱ（連合国軍最高司令官総司令部）に接収されたプライベートレンタルオフィスと呼ばれる米軍関係の施設に出入りして、軍人や軍関係者などの外国人に通訳の仕事を売り込むようになった。この通訳をきっかけとして、葛和の顔と名は在日外国人の間で広く知られるようになり――そこに、新たなビジネスチャンスがあった。

早稲田大学に入学してまもなく、葛和は一人のニュージーランド人と知り合った。彼は貿易商であり、その頃、通訳を探していた。名前をジョン・M・ゲディスといった。

葛和は、自分が英語を話せるだけでなく、大阪の安宅産業では物品係の仕事をしていた経験もあり、彼の希望する条件を満たせる人材だとアピールした上で、次のような交渉を持ちかけたという。

「通訳を探しているなら、私を雇ってほしい。給料はいらない。その代わり、私の考えているビジネスに出資してくれないか?」

この時、葛和が考えていたビジネスとは、日本製の fishing tackle（釣り道具）、binoculars（双眼鏡）などの製品をオーストラリアやニュージーランドへ輸出することだった。ニュージーランド人貿易商は、葛和の提案を承諾し、共同経営者として貿易会社を立ち上げることになった。

葛和の狙いは当たり、この仕事はかなりもうかったものの、多忙をきわめ、今度は大学へ通う時間がほとんどなくなってしまった。

「これではとても両立できない……」

ついに、葛和はギブアップした。学費稼ぎのつもりが、稼ぐのに忙しすぎて大学に行く暇がなくなった。これでは本末転倒のようだが、そもそも自分でビジネスを始めるために大学へ行こうと考えていたわけだから、ある意味、目的はすでに達成したようなものだ。

葛和は結局、一年足らずで早稲田大学を中退することになった。

英語力を活かして外国人向けの不動産業に転身する

葛和満博が在学中に立ち上げた貿易会社は、それほど長く続いたわけではない。出資者として、また共同経営者として、何かと世話になったニュージーランド人貿易商はまもなく帰国してしまい、葛和がその跡を継ぐ形になった。この当時は、主に輸出国から「これこれの品物を求む」という依頼を受けて、葛和が会社を訪問して依頼の品物を揃え、送る——という仕事であったという。

前述したサンフランシスコ講和条約の発効と日本の主権回復――これに伴い、外国貿易をとりまく環境は大きく変化した。一九五二（昭和二七）年八月五日には「輸出入取引法」が制定され、九月一日より施行された。また、明治時代に制定された旧関税法を全文改正した「関税法」は、一九五四（昭和二九）年四月二日に公布された。

これらの貿易業関連の法整備が急速に進む一方、終戦直後の財閥解体で一時期弱体化していた旧財閥系大手商社が、この頃再結束で息を吹き返してきていた。大手商社が本格的に市場に参入してくれば、個人事業主や中小零細企業などはひとたまりもない。

最終的に貿易会社に見切りをつけるまでには約八年かかったものの、葛和はその頃、通訳の仕事に加え、すでに並行して新たなビジネスをスタートさせていた。

進駐軍相手の通訳の中で、米兵が住む家を借りるために家主や不動産屋との交渉を通訳するという仕事があった。

軍では当然、すべての将兵を収容できるだけの大規模な施設を何棟も接収して宿舎に当てていたが、プライバシー意識の強いアメリカ人にとっては満足できるものではなかった。特に高級将校クラスになると、個人的に家を借りて、家族を日本に呼び寄せて一緒に暮らそうとする者も少なくない。その一方で、「アメリカ人に家を貸したい」と考える家主も現れていた。没落した旧華族など、敗戦ですべての財産を失い、大きな家は維持するだけでも大変な費用がかかる。誰かに貸したいが、信頼できる支払い能力のある相手となると、そう簡単に見つかるものではない。そこで、進駐軍に目をつけたのである。

ただし、当時アメリカ人に家を貸すには、事前に軍のインスペクター（検査官）に内見に立ち会ってもらい、許可を受ける必要があった。インスペクターの許可の下りた家だけがプライベート・レンタル・ハウス（Private Rental House）、すなわち「ＰＲハウス」として米軍将兵に貸し出すことができるのである。

葛和は何度かこの件の通訳を務めるうちに、不動産屋ともすっかり顔なじみになり、直接物件まで案内するようになった。顧客も米軍将兵だけでなく、次第に英語で交渉可能な他の国の人びととも接する機会が増えた。

その結果――葛和は「外国人専門の高級不動産仲介業」というビジネスモデルを着想する。

単に、「進駐軍にＰＲハウスを紹介する」だけでは早晩行き詰まるだろうが、日本を訪れる外国人は今後さらに増えていくに違いない。彼らのニーズに応えられる物件に案内して、仲介手数料をもらう――もちろん、顧客は一流どころだから、案内する物件もそこらの長屋というわけにはいかない。その代わり、無事に一件成約までこぎつけることができれば、まとまった額の仲介手数料が見込めるはずだ。

紹介する不動産物件の情報は、「外国人向けの家を求む」と新聞広告を出す。付き合いのある不動産屋のネットワークからも情報が入ってくる。

物件を探している顧客の情報は、英字新聞に「空室有り」の広告を出す。また、通訳の仕事を通じて構築していった在日外国人のネットワークからも情報が入ってくる。

一度そういう仕組みをつくり上げてしまえば、後は右から左に情報を流していくだけで、労せず稼げるようになる……。

葛和は、渋谷区の青山通り沿いに事務所を借り、新会社インターナショナル・ハウス・ビューローを設立した。これが、後年のジャスマックへとつながるいちばん最初の事務所であったという。

設立当初は、不動産業を始めるのに資格も免許も必要なく、ただ届け出さえすればよかった。その後、一九五八（昭和三三）年に建設省（現・国土交通省）が「宅地建物取引員」（現・宅地建物取引士）の資格を創設すると、葛和もさっそく同資格を取得する。いわば宅建の第一期生であり、さすがに現在では免許を返納しているものの、取得した当時は何度も更新を重ねてきた。

葛和は、青山通り周辺のアパート——といっても当時の『アパート』は、現在で言えば『高級マンション』に相当する——を直接回って「賃貸に出しませんか？」と交渉しては空室リストを作成していった。また、当時六本木交差点の一等地に店舗を構えていた不動産会社に話をつけて、顧客の要望次第で自社の取り扱い物件へも案内させてもらい、そちらで成約した場合には仲介手数料を折半する、という形で提携を結んだ。

この頃には、すでに日本は主権を回復し、進駐軍も大半は日本を引き払っていた。これにより、「外国人専門」というビジネスモデルは修正を余儀なくされたが、「高級不動産仲介業」については、主要顧客を「外国人」から、大物芸能人をはじめとする「国内外の富裕層」とすることで、大きな問題なく継続できるようになった。

こうして、葛和満博は戦後の東京の一角に確固たる橋頭保を築いたのである。

なお、このとき葛和が提唱した「外国人向けの高級不動産仲介」というビジネスモデルは、後に無数のフォロワーを生み出すことになる。一九七二（昭和四七）年一二月に設立された株式会社ケン・コーポレーションもその代表的な一社だ。ちなみに、ケン・コーポレーションの創業者である田中健介も早稲田大学出身（一九六四年三月第一政経学部卒業）である。

ケン・コーポレーションが住宅物件広告を出稿している『ジャパンタイムズ紙（The Japan Times）』には、かつて葛和も広告を出稿していたことがある。ずっと後年、二〇一五（平成二七）年一月に、ジャスマックがかつて運営していた「門司港ホテル」の買収にケン・コーポレーションが名乗りを上げたのは、偶然にせよ、そんな過去の経緯もいくらか影響しているかもしれない。

第一章

飲食店直営からスタートし、「店舗銀行システム」にたどり着く

アモン商事を設立する

葛和満博が東京で不動産会社インターナショナル・ハウス・ビューローを旗揚げしてから数年が過ぎた。

外国人専門から国内外の富裕層向けとターゲットは変わったものの、高級物件に絞った不動産仲介ビジネスは大いに当たり、葛和は着実に実績を積み上げていった。

これに伴い、事務所の場所もしばしば変わり、青山通り沿いから南青山の骨董《こっとう》通りへ、さらに明治通りに面した都電角筈《つのはず》線の「新田裏」停留所のあった辺り（現在の東京メトロ・東新宿駅周辺）へと移転した。

この新田裏に事務所を構えていた当時のことで、葛和には忘れられないエピソードがあるという。

不動産屋といえば、現在でもガラス扉や外壁の掲示板に目立った物件広告を張り出すのが定番である。それに対して、葛和は、売りとなる目玉物件はほぼ、新聞広告を出すことにしていた。

当時の新聞の持つ社会への影響力は、現在とは比較にならないほどである。良きにつけ、悪きにつけ、新聞に社名が載ることは企業の業績を左右する重大な影響をもたらした。記事であれば言わずもがなだが、それがあからさまな広告であったとしても、「新聞に載っている」のと「載っていない」のでは、顧客に与える影響力がまったく違う。

それだけに、新聞に広告を出稿し続けることは、企業にとっては一種の生命線と言えた。だが――「効果のある広告媒体」＝「広告料が高額」というのは、今も昔も変わらない定理である。もちろん、昭和三〇年代初頭、まだ高度経済成長期の前夜である。広告料が高いなどと言っても高が知れている。見開き広告とか１ページ全段広告とか、よほど大きなスペースを押さえようというのでない限り、大した金額にはならないはずであった。

それでも、支払いのタイミングによっては、手元不如意ということもある。ある時、ちょうど折悪しく、広告料支払いのタイミングで手元に現金がない――ということがあった。

当時、葛和の会社の広告を手掛けていたのは、大手全国紙のグループ会社である広告代理店だった。交渉して広告料の支払いを多少延ばしてもらい、葛和は四方八方金策に走ったが、「もうこれ以上は待てない」というデッドラインぎりぎりに

当時の青山通り

なっても支払いのメドが立たなかった。

「――お支払いが確認できるまで、新規の広告は受け付けられません」

ついにそう言われてしまった葛和は、やむなく最後の手段として、その広告代理店の社長に直談判を試みることにした。葛和は社長に用件を伝え、社長宅の最寄り駅で落ち合った。社長は「ついてきなさい」とだけ言って、そのまますたすたと歩きだした。葛和が訝《いぶか》りながらも後を追うと、社長は銀行に入っていった。少し待っていると、やがて現金の入った封筒を持った社長が銀行から出てきて、葛和にその封筒を手渡した。

「これで、止まっている広告料を支払うといい」

つまり――会社としては、広告料の支払いはこれ以上待てない。その代わり、今回は社長が立て替えてくれるというのである。

この時の立て替え分は、当時の金額にして三万円から五万円ほどだったという。現在の貨幣価値に換算して約三〇万～五〇万円といったところか。社長にとっても、そうそう右から左へ都合をつけられる金額でもなかったろうに、すっと借用書も担保もなく貸してくれたのだった。そのお陰で、新聞広告は途切れることなく掲載し続けることができ、葛和は程なくこの社長への借金を返済することができたという。

「あの時、私は社長に救われました。私は思うのですが、やはり、一生懸命やっていれば、その時その時に救ってくれる人が現れるものなんです。私に限らず、誰でも皆そうですよ。

これは今から五〇年以上も昔の話ですが、あの時の社長のお陰で、今のジャスマックがあると思っています。そのご恩を忘れたことはありません。ですから、今でもそこの広告代理店さんとはお付き合いさせていただいているんです」

葛和はそうしみじみと述懐する。

ずっと後年の話になるが――ジャスマックが札幌で事業展開するようになった頃、同じ広告代理店グループの北海道の現地法人から営業マンが挨拶に来た。葛和は営業マンが告げた社名を聞くと、即座に広告出稿を決断し、こう言ったという。

「お宅の会社には、忘れられないご恩がある――」

前述の通り、当時、葛和の不動産会社インターナショナル・ハウス・ビューローが物件を仲介した顧客の中には、当時の（あるいは後の）大物芸能人も何人かいた。今なお大晦日《みそか》の風物詩として続いている「ＮＨＫ紅白歌合戦」は、一九五三

（昭和二八）年の第四回からテレビ放送が開始されたが、当時の葛和の顧客には、紅白に何度も出場したことのある有名歌手も何人か含まれているほどだ。

逆に言えば、それほどの優良顧客に恵まれていながら、ある時期には広告料さえ滞ったこともあるというのが葛和の不動産仲介業の実態であった。

景気の良い時には良い。しかし、悪い時もあり、収入が安定しない……。

葛和は次第に、その事実に目を向けるようになったという。

一九五七（昭和三二）年――この年、葛和満博の人生において、一つの転機が訪れた。

生まれて初めて、飲食店舗の経営に携わることになったのである。これをきっかけとして、葛和は飲食業の世界に足を踏み入れていくことになる。

翌一九五八（昭和三三）年には「調理師法」が公布され、都道府県知事による調理師免許が法制化された。飲食店で調理業務に従事するのに調理師免許は必須ではないが、調理師法では「飲食店等は調理師を置くように努めなければならない」と規定されている。このため、飲食店経営を始めた当初から、葛和自身が手ずから料理を運んだり接客をこなしたりということはなく、店舗の運営については経験者を店長として雇用し、調理を担当する専門の料理人や従業員を雇って、自らはオーナー経営者の立場に徹した。

この最初の飲食店経営開始からなおしばらくの間、葛和は不動産仲介業の看板を完全に下ろしたわけではなかったが、一九六一（昭和三六）年三月にアモン商事株式会社を設立すると同時に、飲食店経営を本業に据えた。

葛和満博、三〇歳からの新たな挑戦のスタートであった。

直営店第一号を開店し、徐々に店舗数を増やしていく

なぜ、不動産業を辞めて飲食業を選んだのか――？

その疑問については、葛和満博はこれまでに刊行された様々な著書の中で、おおむね次のように述べている。
①収入の安定した仕事がしたかったため。
②自分の城を構えて商売をしたかったため。
③（当時は）大企業と戦う必要がなかったため。
④これからは飲食業がもうかる時代になるという経営者としての予感があったため。

もっとも――このように筋道を立てて論理的に第三者に説明できるようになったのも、おそらくはアモン商事の看板を掲げ、飲食業を本業に据えるようになってからではないだろうか。前述した一九五七（昭和三二）年から一九六一（昭和三六）年までの四年間に、間接的にせよ実際に飲食業の経営に携わり、その本質的な部分を理解したからこそ、葛和はこのような結論に達したのではないかと思われる。少なくとも、ただ頭で考えただけの結論ではなかったはずだ。

アモン商事の設立後、葛和は様々な業態の飲食店を次々と立ち上げていった。一九六三（昭和三八）年までの二年間で、その数は八店舗に達した。

例えば、武蔵小山には喫茶店を――。

渋谷には割烹《かっぽう》料理店を――。

神田には小料理屋を――。

五反田には居酒屋を――。

町田にはバーの他、『天下無敵』という焼鳥屋を――。

周辺の街並みや店舗の立地、主な客層などから、葛和はどんな業態の、どの程度の規模の店を出せば成功できるか、あらかじめ言い当てることができたという。無論、百発百中というわけにはいかないはずだが、仮に失敗することがあっても、葛和には傷の浅いうちにさっさと撤退する「見極め」をつける判断力と、ためらわず実行する決断力があった。それは、かつて上京直後、安宅産業への就職が叶わなかった時に直ちに方針転換したことにも通じる。

複数の飲食店舗を直営するようになっても、当時の葛和は「マイホーム」を構えようとはしなかった。住所は常に部屋の間借りや借家の仮住まいで、しばしば引っ越しを繰り返した。前章で述べたような事情で、東京での最初の落ち着き先が東松原であったせいか、その後も上馬、下馬など世田谷区内を転々としたという。

これはだいぶ後の話になるが、最初に自宅として購入したのも、やはり世田谷区の駒沢であった。当時「玉電」の愛称で親しまれた東急玉川線駒沢駅から徒歩二、三分の立地であり、長屋形式に二棟の平屋が建てられていた。葛和はこのうちの一棟に住み、もう一棟は貸家として、結婚するまでの間はそこに住み続けていた。

さて、世田谷区内の借家住まいで、複数の飲食店を直営していた頃のことを、葛和満博は著書『「投資家」にも「経営者」にも小さな飲食店は最強の生き抜く力』（ダイヤモンド社刊）の中で、次のように述べている。

「私の狙いは当たった。
飲食店は確かに面白いように儲かった。」

こういうことをさらりと書いてしまえるところに、葛和の自信のほどが表れている。事実であるにせよ、生半可な自信で書けることではない。

ただし、これに続いて「高度成長期を迎えた日本では、企業の業績が上がり、人々の所得が増えていった。お客はどんどんお金を落としてくれたのである。」と記しているように、葛和はこの時期の飲食店経営の成功の原因を冷静に分析していた。

自分のやり方が特別優れていたのではない。あの時代なら、誰がやってもたいていは成功したはずだ——そう考えていたのである。もちろん、高度成長期であれバブル最盛期であれ、失敗した経営者はいくらでもいたはずだから、少なくとも葛和が「下手を打たなかった」ことだけは確かであるが。

しかし、葛和の言うところの「黙っていても、飲食店が儲かる時代」は程なく終《しゅう》焉《えん》し、葛和はまたしても岐路に立つことになる。

『「投資家」にも「経営者」にも小さな飲食店は最強の生き抜く力』（ダイヤモンド社・二〇一八年）

飲食界情報管理センターを設立する

日本経済における高度成長期は、一九五四（昭和二九）年一一月に始まる「神武景気」に端を発して、一九五六（昭和三一）年度の『経済白書』には「もはや戦後ではない」と謳《うた》われた。その後、「なべ底不況」と言われる景気後退を挟んで、一九五八（昭和三三）年六月には「岩戸景気」が始まる。「神武」といい「岩戸」といい、いずれも日本最古の歴史書である『古事記』にちなんだネーミングであり、いわば「日本史上空前の好景気」を意味していた。そして、一九六〇（昭和三五）年一二月、当時の池田勇人内閣が発表した「国民所得倍増計画」に象徴されるように、日本は本格的な経済成長の時代を迎えた。

所得倍増とは、文字通り収入が二倍になるということだ。例えば、現在年収六〇〇万円なら、一〇年後には年収一二〇〇万円になるということになる。優秀な人ならあり得ない話ではないように思えるかもしれないが、「すべての国民が」となると話は別である。当時の日本はこれを目標とし、しかも、実際には一〇年後を待たず、わずか七年余りで実現してしまったのだ。

いわば、日本全体が右肩上がりの成長を続けていた時代であった。葛和満博とアモン商事は、まさにこの右肩上がりの経済成長を背景に、店舗を増やし、売上を上げていったのである。

直営時代、店長や店の従業員たちは「アモン商事の社員」という雇用形態であった。良くも悪くも「サラリーマン」である。いくら仕事ぶりが真面目で、また、優秀であったとしても、定時になればピタッと手を止め、さっさと仕事を終わらせて帰るだけの存在だ。

店が繁盛していればそれでも何ら問題はなかったが、客足が遠のいても自発的に何か手を打つということはない。そういう発想がそもそもないのだ。そこがサラリーマンの限界である。仕方ないと言えば、仕方ないことかもしれない。

例えば、葛和の店が繁盛していると聞けば、エリア内に競合店が次々と出店してくる。新規オープンの直後はどこも常連客を掴《つか》もうと必死だから、価格も出血大サービスで安い。宣伝も派手だ。もの珍しさも手伝って、客足はどんどんそちらに流れていってしまう。お客の心理からすれば、これも仕方ないことだろう。

しかし、「仕方ない、仕方ない」で済ませられるような問題ではなかった。

仕方はある。やりようはいくらでもあるのだ。にもかかわらず、サラリーマン根性の染みついた店長や従業員たちは無為無策であった。

業を煮やした葛和は、ついに自ら動いた。直営店舗の一軒一軒に毎日のように顔を出し、それまで店長に任せきりだった店の運営にも口を出した。その結果、様々な問題点が浮き彫りとなった。

まず、現金管理のずさんさ――。

さらに、人事管理のいい加減さ――。

葛和が店舗運営に積極的に関わるようになったことで、こうした問題点は少しずつ改善され、結果的にほとんどの店で経営状態が改善された。

その代わり――葛和は目の回るような多忙さに悩まされることになったのである。

葛和は当時を振り返って言う。

「夕方から深夜にかけて各店舗を回ってその日の売上を回収し、翌日の営業の打ち合わせをする。昼間は、酒屋や食材店と仕入れや決済の交渉。その合間を縫って、辞めたいという従業員を引き留めたり、新しい従業員の面接をしたり……。いくら儲かっても、これでは身が持ちません。何とかしなければ――真剣にそう考えるようになりました」

葛和満博の思考は、やがてある解決策にたどり着く。そのヒントとなったのは、ごくささやかな「気づき」であった。

自分は今、なぜこんなにも必死になって店の経営の立て直しに取り組んでいるのか？　それは、そこが「俺の店」だからだ。自分の店、自分の城を守るためなら、人はいくらでも必死になれる。これがもし他人の店だったら、誰がこんなに必死になるものか。

——そうだ！店づくりと店の経営を別にすればいいんだ！

店長たちにしても、同じことではないか？　給料をもらって、他人の店を任されているうちは、誰だって給料分以上の仕事はしないだろう。けれど、もしそこが「自分の店」だったらどうするか——!?

この葛和の「気づき」こそ、天啓と呼ぶべきかもしれない。実にこの瞬間、葛和は、後に彼が生み出すことになる「店舗銀行システム」の入り口付近まで迫っていたのだ。

サラリーマンである限り、店の売上がいくら上がろうと彼らの給料は大して変わらない。極端な話、売上がゼロでも雇用者は給料を支払わなければならない。逆に、先月の二倍売り上げたとしても給料が二倍になることはない。

だが、店長自身が経営者になれば、売上が上がれば上がっただけ自分の収入も増える。逆に、いくら稼いでもオーナーに支払う分は変わらない。つまり、先月の二倍売り上げたら、増えた分はまるまる自分の懐に入るわけだ。

もともと、雇われ店長になるような人間は独立志向が強い。有能な人間であればなおさらだ。

葛和が直営していた店でも、店長として働きながら店舗運営のノウハウを学び（敢えて言うなら〝盗み〟）、スポンサーを見つけ、最後には従業員や常連客までごっそり引き連れて独立してしまう……というケースがしばしば起こっていた。

独立したいというのであれば、無理に引き留めたりせず、させてやればいいというのが葛和の考えである。

しかし、彼らにしても、一から物件を探し、店舗をつくり上げていくのは大変な労力のはずだ。酒や食材の仕入れ一つ取っても、これまでのルート、これまでの仕入れ値がそのまま通用するとは限らない。あまり新店の立地がよくなければ、離れていく常連客もいるだろうし、新規のお客もそうそうつかまらないだろう。

つまり、後先考えない独立は店長にとっても賢い選択とは言えないのである。

その点、今、彼らが働いている店舗であれば、事情は万端整っているし、人間関係もほぼ固まっている。「この店を買い取るつもりはあるか？」と葛和が尋ねれば、誰も嫌とは言うまい。ただ、資金がないから自分たちのほうからは言い出せないだけだ。

――葛和はこのヒントを元に、「所有と経営の分離」という、「店舗銀行システム」の根幹となるアイデアにたどり着いたのである。

高度成長期の日本は、一九六四（昭和三九）年の東京オリンピック、さらに一九七〇（昭和四五）年の大阪万博といった国際的なビッグイベントを次々と成功させていく。万博開催のさなかである一九七〇（昭和四五）年五月、葛和はアモン商事に代わる新会社を設立した。

新たな会社は「株式会社飲食界情報管理センター（Japan Store Management Center）」という。この英語表記の頭文字である「Ja-S-Ma-C」をつなげたものが、後の「ジャスマック」の社名の由来である。

大阪万博を一つのピークとして、その後、日本経済は次第に勢いを減速させていった。翌一九七一（昭和四六）年八月にはニクソン・ショック（ドル・ショック）、さらに一九七三（昭和四八）年には第一次オイルショックと、国際状況の変

大阪万博

化も追い打ちをかけ、日本の先行きには暗雲が立ち込めていた。

葛和満博と、旗揚げしたばかりの飲食界情報管理センターの前に、いきなり逆境が立ちはだかったのである。

「店舗銀行」を商標登録する

葛和満博が考案した「店舗銀行システム」の出発点は、前述したように「所有（＝資本）と経営の分離」というアイデアである。つまり、一つの店舗に対して、「所有者（＝資本家）」と「経営者（＝店主）」がそれぞれ別個に存在することになる。

所有者、すなわちオーナーは、店舗物件の土地・建物を所有しているが、店そのものに対する権利は持っていない。あくまで店舗という「器」を持っているにすぎない。

経営者、すなわちユーザーは、オーナーから店舗を借り、そこで自分のやりたい業態の店を開く。従業員の面接も採用も、営業時間や定休日の設定も、すべてユーザーの自己裁量で決められる。

店舗物件の立地条件が良く、適正規模で、業態の選択に誤りがなければ、開業して一定の時間が経ち、経営が安定してくると、売上は良くも悪くも一定のレベルに自然に落ち着く。それに伴い、材料費や人件費もある計数で安定し、利益も一定の損益で落ち着くようになる。葛和はそれを「店舗経営は統計学」だ、と総括する。

葛和がこのことを確信するに至ったのは、ある悲しい出来事がきっかけの一つとなった。

当時、小田急線町田駅前の居酒屋で店長を任せていた人物が、交通事故で突然亡くなったのである。店は大いに繁盛しており、亡くなった店長は、オーナーの葛和からも従業員たちからも信頼が厚かった。葛和は急ぎ次の店長を任命して店の運営を任せたものの、当初は店の先行きを危惧していたという。

「しかし、この店は新しい店長の下で、以前と変わりなく繁盛し続けました。このことから、業態や立地などの〝もうかる条件〟が店舗自体に備わっていれば、店長が替わっても店の経営はうまくいくものだと私は確信しました」

葛和はそう断言している。

もう一つ、お客が求めているのは「店主が自ら店に立ち、経営する生業店《なりわい》」である――ということも、葛和が直営時代に肌身で感じていたことだった。お客は、サラリーマンである雇われ店長がマニュアル通りに対応するような店ではなく、店の経営者である店主が自ら店を切り盛りし、顔見知りのお客と親しく言葉を交わすような店を求めているのだ。

そこまでわかってみれば、葛和の選ぶべき道は決まっていた。

常連客の喜ぶような店づくりをすることで、結果的に、オーナーも、ユーザーも満足できる店が出来上がる。いわば、三方よし（近江商人の経営哲学で、「売り手よし」「買い手よし」「世間よし」の意）である。このビジネスモデルを着想した段階では、オーナーとは葛和自身のことを指していたのだが、やがて、もう一段階先の展開に思い至ったという。

直営時代の各店舗の後始末という意味では、オーナー＝葛和満博という認識で間違いはない。だが、その後、飲食界情報管理センターを立ち上げたことなどにより、葛和自身の所有物件でなくとも「資本と経営の分離」は成り立つ、ということが明らかになってきた。

その一方で、飲食界情報管理センターへは、売上不振で経営難にあえぐ飲食店オーナーからの相談が相次いで寄せられるようになった。

いわく、「息子が始めた割烹店が赤字続きで、このままでは潰れそう……」

いわく、「親の遺産でバーを開いたものの、どうも水商売に向いてないらしくて……」

いわく、「昔からここでステーキハウスをやっているんですが、ここ数年赤字で……」

いわく、「一等地の焼鳥屋で繁盛していますが、人件費が高くついて利益が……」

葛和はこれらの相談に親身に対応し、多くの場合に悩みの解決策として「所有と経営の分離」の手法をアドバイスした。

すなわち、板前やコックなど現場の責任者に店の経営を委ね、自分はオーナーとして配当を受け取る立場に徹するというやり方である。従業員に適当な人材がいれば彼または彼女に任せてもいいし、心当たりがなければ飲食界情報管理センターからユーザーを紹介する。紹介できる人数は時期によっても異なるが、ユーザーリストは随時更新され、様々な業態のユーザーが登録されている。

葛和はまず、店の業態が店舗の立地に適したものであるかどうかをチェックし、必要とあらば「割烹店からスナックへ」、「ステーキハウスから大衆パブへ」など大胆な業態変更を行い、その業態に適した人材をユーザーリストの中から選んで店長として紹介した。

葛和がプロデュースした新業態の店は高確率で成功し、オーナーは「赤字の解消」と「赤字店経営の苦労からの解放」、さらに「月々の安定した報酬」を得た。一方のユーザーは、少ない自己資金で「自分の店」を開業することができ、本人の器量と才覚次第でさらに利益を積み上げることもできる機会を得た。そして、葛和満博と飲食界情報管理センターは、両者をマッチングすることで実績を積み上げ、オーナーとユーザーの双方から手数料を得た。これもまた「三方よし」の一つの典型的事例と言えるだろう。

ここまで見てきたように、葛和満博が「資本と経営の分離」から両者を結び付けるシステムをつくり上げていったのは、一九六〇年代後半から一九七〇年代初頭にかけての時期であり、システムは段階を踏んで完成へと近づいていった。葛和はこのシステムを「店舗銀行」(後に「店舗銀行システム」)とネーミングし、著書の中で次のように解説している。

「〝銀行〟は、一般庶民からお金を預り、企業や個人に貸出すのが仕事である。このシステムでは、銀行の〝お金〟に当たるのが〝店舗〟というわけだ。店舗を媒介に、オーナーとユーザーの間に介在する銀行、すなわち「店舗銀行」ということである。」

（『実用版　飲食業のオーナーになって儲ける法』日本実業出版刊・一九七七年）

「店舗銀行」なる名称が対外的に最初に使用されたのは一九六一年のことである。

このシステムそのものは、名称が確定する以前からすでに実用化されており、前述した「店長が交通事故で亡くなった、町田駅前の居酒屋」が「店舗銀行システム」適用第一号物件であるというのが、現在のジャスマックにおける公式見解となっている。

その後、株式会社飲食界情報管理センターが設立した一九七〇（昭和四五）年五月頃から、社内的には「店舗銀行」という名称が聞かれるようになっていたが、一般的な認知度は依然として皆無に近い状況であったという。

この状況に変化が生じるのは、「店舗銀行」の名称がメディアで取り上げられるようになってからである。葛和の保存しているスクラップブックによれば、その第一号は株式会社東方新報社（現・東方インターナショナル）が刊行していた『月刊アジア　エコノミイ』一九七五（昭和五〇）年八月号であり、「飲食業界に新風をおくる」と題して、葛和と評論家の藤原弘達氏（故人）との対談記事が掲載された。

「藤原　そうすると、お宅の営業内容は。

葛和　一つは店舗銀行、すなわち物件の委託ということ、それとローン販売、それに本当の情報の管理ということになります。」

（同記事より抜粋）


これが、初めて「店舗銀行」という単語がメディアで活字となった記念すべき最初の一文である。

同年、株式会社小学館発行の『週刊ポスト』八月二九日号に「クビになっても安心！　資本金１００万円で始められる〝10坪商売〟入門」という特集記事が掲載され、この中に「脱サラ夫婦がスナック開業」という、飲食界情報管理センターを利用したユーザーの成功事例が取り上げられた（ただし、同記事中には「店舗銀行」という用語は一切登場しない。

『週刊ポスト』誌面に「店舗銀行」の用語が登場するのは、翌一九七六年四月三〇日号が初出）。

さらに、株式会社産経経済新聞社出版局（現・産経新聞出版）の『週刊サンケイ』（一九八八年廃刊）九月一一日号でも「人物ワイド　こんなご時世はアイデアが勝負」と題して「①退職金元手の商売に失敗した人を元手に」という記事が掲載され、こちらでは「つまり〝店舗銀行〟です」という葛和の発言がある。

続いて、株式会社日本文芸社の『話のチャンネル』(二〇〇四年廃刊)一一月二七日号には「水商売の『経営』をリースするネオン街の新商売～『資本と経営の分離』という画期的なアイデアを持ち込んだ男～」という記事が掲載された。同記事中には、「葛和さんは、自分の考えだしたこの方法を『店舗銀行』と呼んでいる」という一文が見える。

このように、飲食界情報管理センター設立から数年を経て、ようやく「店舗銀行」という耳新しい用語がマスコミの注目を浴びるようになった。

そして、株式会社商業界(本書執筆中の二〇二〇年四月に破産)の刊行する月刊誌『商業界』一九七六(昭和五一)年一二月号の「フランチャイズ情報」のコーナーに、「飲食界情報管理センター、『店舗銀行』で〝第三のチェーン・ビジネス〟FC化も」と題する記事が掲載される。

さらに、株式会社オータパブリケイションズが刊行する外資食産業専門週刊誌『週刊ホテルレストラン』(現・『HOTERES』)一九七九(昭和五四)年八月三日号にも「店舗銀行」の記事が掲載されている。

サンケイ商業新聞　昭和52年11月1日　火曜日　〔8〕

流通スペシャル

結んで稼ぐ"店舗銀行"

資産を寝かしたくない人

飲食店経営をしたい人

あなたに遊んでいる土地や建物があれば、あるいは幾らかの小金があれば、それを銀行に預けるように預託し、安全、苦労もなく年二割の高配当が保証される一新商法"店舗銀行システム"が稼動している。これは「飲食業のオーナーになって儲ける法」（日本実業出版社・九百八十円）にくわしく、ちょっとうますぎそうな仕組み。いま、好況時に買った不動産などの有効利用を考える商店主は多いが、その人たちに代わり著者の葛和満博氏に会い、二、三気になる点をルポしてみた。

いったい彼は何者

事務所は、渋谷のパルコの反対側を五軒ほど先へいった大きなビルの二階にあった。事務所の名は株式会社飲食界情報管理センター。大きな机が四つほど並んでいたが、社員はただ今二名だという。

彼は昭和六年生まれ、紺の背広を着、一見おとなしそうな中肉中背。本によると、満州からの引揚者で早大商学部に在学中、学資かせぎにニュージーランド人と組んで双眼鏡など雑貨類をニュージーランド向けに輸出、当時の金で億に近い金をもうけ、その金をバー、小料理屋、パブ、大衆割烹店など八店に投資、経営者になったという人。ところがやってみると、同じ水商売でも業種もちがい、人がやめたり、料理のトラブルなどがあったりして、けっこう苦労が絶えなかった。

ある年、思い切って一店をしっかりした社員にまかせ「家賃と出資の配当金を毎月一定額支払わせて、残りはどんなに儲けようと、委託経営した社員がとる」という形にしたのである。社員と彼は契約を結び、社員は実質上の経営者になり、彼はオーナーになったわけ。すると、きわめて成績がいい。店舗銀行のシステムはその時頭の中にひらめいたという。

自分の店を次々と委託経営システムにしたところ、トラブルからは解放され、収入は固定化し、従業員はやる気を起こし、とても楽チン。そこで、昭和三十二年から始めた水商売の経験を生かし、店舗銀行という商売を始めたのが昭和四十六年であるという。十月末現在で、同センターに預託してある店舗は二百、毎月四、五店がふえている状況だという。

危険はないのか

「二割の配当だって？　どんな仕組みなの。商売はじめて、一年は赤字がふつうだというが、その間はどうするのかね。もし、失敗した場合はどうなるのかナ」といった友人の疑問をまず、葛和氏にぶつけてみる。

「いや、一年赤字なんてものではありません。商売は三月でわかります。もうかる店は、その間で決着がつく。どんな店でも半年たてはだめか、だめでないかがわかるんです。二割の配当は、出資して開店した翌月から、きちんと払っています。そういう契約ですから、どんなことがあっても、実際、店をまかされている人（ユーザーと呼ぶ）が真の経営者（オーナーと呼ぶ）に払うんです」とキッパリ。

水商売二十年のキャリアを生かして店舗銀行をはじめた葛和満博さん

不測の事故や、営業不振などということがあっても、経営管理契約書によって、配当金は同センターが保証する。各店のユーザーからは保証金をプールしてあり、ほかに現在、同管理センターの直営店が四十数店あり、これからの配当収入を引きあて、ユーザーを解任、または配転、場合によっては物件を売って換金するなどの措置をとる、とのことだ。換金の必要性があれば、十日ほどあれば店舗の売買は成立、換金出来るとのこと。

水商売20年の自信　2割の高配当保証

「金を出してオーナーになりたい、という希望者はずいぶんあるんです。それに、早く独立したいというユーザー希望者もね。この商売は実際にやる人しだいですから、適格者の選別がむずかしい。だいたい希望者のうち十人に一人くらいしか、適格者はいませんね。しかし、もっとむずかしいのは、店の選定です。ここならやれる、という物件がなかなかないんです」

だから、物件を出資したい、空いている土地がある、空いている店があるといっても専門家（内装関係者、直営店の店長たち、知人の経営コンサルタント）といっしょに実際にそこを見て、これならやれると見込まなければ、店舗銀行にはうけ入れない。相談料は無料である。実際に、やれるということになって店が完成した時、企画料として十万円もらう。

どんな人が預託

いろんな人がいるが、国鉄を勤続三十年を区切りにやめ、退職金一千万円のうち六百万円を投資、世田谷にヤキ鳥の店を開いた中山勝之さん(56)=仮名・国鉄退職者=のような場合も、一つの典型的な例といえそうだ。「インフレで目減りしない利殖の一種。もう二年になりユーザーは今二代目だが、最初のユーザーと一回会ったきり。きちんと配当は毎月もらっている」という。

同センターを知ったのは、奥さんの知人の紹介だという。その他、経営不振に悩む人、定年前のもう一つの仕事など。

ちょうど千葉県木更津にある知人のビルのテナント募集で来ていたOさんは「契約書をよく見ないとわからないが、一般的にいえる問題は、このセンターの保証力ですね。自分で大切なお金をあずけるならば、それは自分で調べるべきでしょう。それと、契約がどうなっているかだが、貸し店をかりてやった場合、たとえば喫茶店でうまくいかなかった時、こんどはヤキ鳥屋に変更するといった時、内装の費用の損害なんかは損するんじゃないか、細かい契約でその点を確かめなければネ」と語っていた。

ちょうどそこへ来ていたユーザーの中村二三夫さん(これは神奈川県で軽食喫茶をやっていたが、どうしても成績があがらない。これはオーナーの物件投資で一千万円かけた店だったが、葛和氏の診断では立地条件が悪く、とても二百万円には値いしない。年[illegible]万円ならという条件で引き受けた店。しかし、ユーザーの方もこれでも勤めている時と大差ないという不平も出るし、オーナーも近く終止符を打つことに同意、別の店を求めて、相談に来ていたところであった。

「二割配当といいましたが、現物出資の場合、店の実力に応じて評価するということなんですネ。何時間でも納得のゆくようにお話し、契約書は弁護士などと相談していますが、納得した方だけ、相対づくでやっていただく。最後のところは、ありません／」と、このせけな紳士・葛和さんはいうのであった。

記者の尋ねて見直営店二店は新宿、池袋とれもはやっていた。

月収50万円をくだらないという30歳の店長佐藤洋さん（池袋の鳥平で）

成功する知識と秘訣

店舗銀行システムによる
飲食業の革命方式
葛和満博著

副タイトルはこれなら誰でも経営者になれる！　いま独立したいという気持ちをもっている水商売の若い人は多い。だが働きながらためる金では、少しばかりの資金はできても、一軒の店をつくることはむずかしい。今の時代は、独立資金づくりより、技術と経験を積むことが先と説く。著者が始めたものに店舗銀行というシステムがある。

店舗をもっている人、あるいはお金のある人が、店舗または金を出資し、それを著者の経営する飲食界情報管理センターにあずけ、若くて才能のある人に経営させるというシステムである。ただし小規模の水商売にかぎってである。店舗または金を出資した人は一定の配当金をもらえる仕組み。独立した人は自分のくふうしだいで、月何十万円でももうけられる。

預金利子も下がり、有利な利殖を探している人、業績不振で悩んでいる経営者、独立したい従業員などに、参考になろう。独立したい人の自己資金は二百万円ていど。やる気とタレント性があれば、あすからでも一国一城のあるじになれるという夢を与える書。経営者として成功する知識とかけつが記してある。

（KKベストセラーズ・六〇〇円）

上／産経新聞昭和52年11月1日
下／産経新聞昭和53年4月24日

その一方で、この時期には葛和満博自身が著者となって「店舗銀行」に関する書籍を矢継ぎ早に刊行している。一九七七（昭和五二）年九月に前出の『実用版　飲食業のオーナーになって儲ける法』を出版したのを皮切りに、翌一九七八（昭和五三）年四月には『店舗銀行システムによる飲食業の革命方式』、同年一一月には『今日から繁盛するパパママ店経営法』（いずれもＫＫベストセラーズ刊）を出版している。

これらのメディアを通じて世間からの注目が集まる中、一九七七（昭和五二）年五月二二日、飲食界情報管理センターは特許庁に「店舗銀行」の商標登録を出願した。なお、現在使用されている「店舗銀行」のロゴマークの左肩には「since 1961」の表記があるが、これは、後に「店舗銀行システム」が適用されることになる飲食店を直営していたアモン商事設立まで遡《さかのぼ》って計算したものだ。

店舗経営の新しい手法として葛和が考案した時期、実験的に直営店舗に導入した時期、社内で「店舗銀行」の名称を使うようになった時期、そして商標登録を出願した時期……。どの時期を選んでも、「店舗銀行」の正確なスタートとは言い難い。ならばいっそ、飲食業のそもそものスタート時点まで遡ろうという考えなのだろ

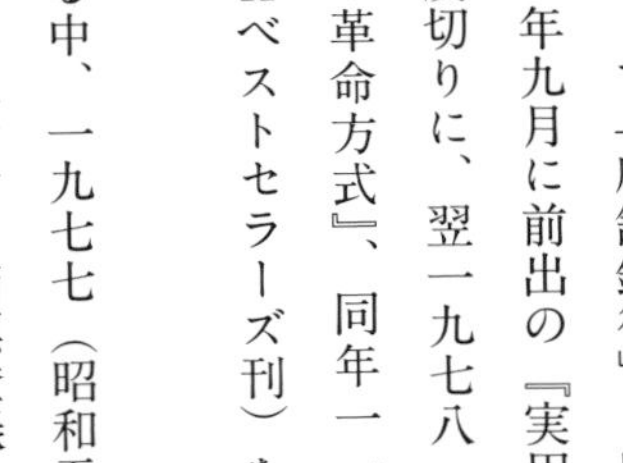

「飲食業の革命方式」

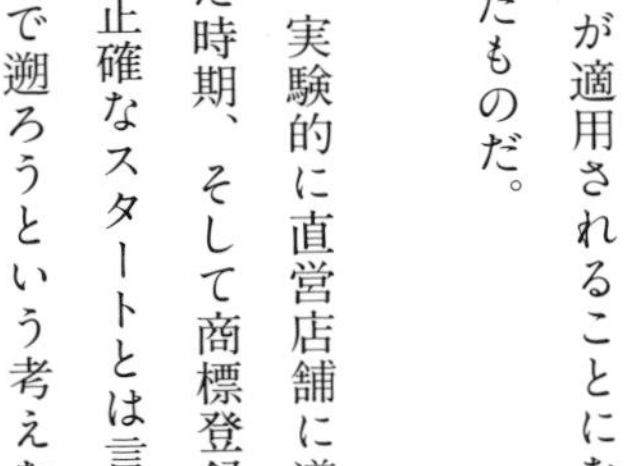

「パパママ店経営法」

ベストセラー診断

金なくても経営者に

葛和満博著「飲食業の革命方式」

「飲食業の革命方式」の表紙

どうも飲食業ほど不況に左右されず、もうかる商売はないらしい。先ごろ「飲食店経営法」（光文社）がよく売れたと思ったら、今度は「飲食業の革命方式」が爆発的に売れ出した。

わずか二週間で十万部がさばけ、まだまだ伸びそう。前書きがいわゆる経営の上手な仕方やり方を教えただけの本だとすれば、これはもっと進んだ〝店舗銀行システムによる〟全く新しい経営法を公開したユニークな本といえよう。

もちろんこの〝店舗銀行システム〟なるものは著者・葛和さんの創案。一口にいえば、金のある人が出資して、商売上手な人が経営するシステムで、資本と経営を分離したところがミソ。

八年前に株式会社飲食界情報管理センターが設立されて以来、このシステムで独立、成功した経営者は三百人以上というから、うらやましい限りだ。金のある人が管理センターへ預金する。その金でセンターが店舗をつくる。その店を商売したい人が借りて経営するわけ。

現在、小さな飲食店でも、一軒もとうとすれば最低一千万円の資本が必要だが、このシステムでは、資本がなくても、頭と腕さえあれば、経営者として活躍できるのだから魅力的ではないか。

もっとも、これには簡単な資格審査がある。三年以上飲食業の現場で修業した人で、やる気と能力がある人じゃないとパスしない。まあ、入会金四十万円を納められるタレント性豊かな人ならOKだろう。

ちなみに著者は、昭和六年生まれの働き盛りだが、若いとき父を亡くして苦労し、貿易商社のアルバイトで大学へ行き、以後、貿易商を営んで大もうけ。そして飲食業に転進、八店舗の経営者になったスジガネ入り。その実績と経験が店舗銀行システムをあみ出しただけに、まさに革命的の一語に尽きる。

飲食業は水もの、やってみなければわからない、といわれたのは昔のこと。いまでは、これほど確実にもうかる安心な商売はない。合理的にやれば必ずもうかる。これは科学である、とまで著者はいう。

だが、〝中型店〟は中途半端の〝中〟でダメ。〝小〟こそこれからの経営法だ、と一応、条件をつけている。つまり、十坪（三十三平方㍍）以内の小規模飲食店がネライ目で、商売好きな人なら大丈夫、とタイコ判だ。

読者層は、飲食業で独立したい人、脱サラで自分の店をもちたい人、また、経営はヘタだが資金を出したい人など。とにかく、金のある人と金のない人が持ちつ持たれつで金もうけしようという、結構なシステム利用法を説いた本。サラリーマン生活がつくづくいやになった向きに一読をすすめたい、といったら月並みか。

（「飲食業の革命方式」はKKベストセラーズ＝東京都千代田区神田神保町二ノ一〇、新書判、六〇〇円）

新潟新聞／昭和53年4月24日

う。

「店舗銀行」の商標登録を出願したこの年、葛和満博はいまだ四〇代半ばという若さであった。

第二章　福岡の街にデザイナーズホテルが建つ

「博多バッカス館」の先進性

一九七八（昭和五三）年九月、飲食界情報管理センターは福岡県福岡市に九州支社を、青森県青森市に東北支社を開設する。この時期、葛和満博は東京圏での事業展開に限界を感じ始めており、地方都市への進出は、ある意味自然な流れであったようだ。

「東京では、そろばんが合わないよ」と葛和は言う。

「店舗銀行システム」を利用するのは、ユーザー側はもちろん、オーナー側も決して資金力が潤沢とは言えない層が大半であり、その後、一九八〇年代にかけて東京の地価がますます高騰していくと、ほとんど手も足も出なくなってしまう。

当時の「店舗銀行システム」は、「主に都内で賃貸に出ている店舗ビルを借り、オーナーの資金で内装を施し、これをユーザーにリースする」という方式であったが、地価上昇に伴い、店舗を借りる際の保証金や家賃が高くつき過ぎるようになったのである。こうして、葛和は賃借店舗方式に見切りをつけると同時に、東京圏での事業にも見切りをつけることにしたのであった。

コスモ渋谷館

博多バッカス館

ジャスマック青森館

ジャスマック札幌1番館

九州支社を開設した場所は、福岡市中央区の春吉地区——福岡有数の繁華街である天神地区や中洲地区の南に位置している。春吉地区は、江戸時代から続いた花街であり、この当時は南新地の風俗街やラブホテルの林立する那珂川沿いの北側エリアと、小中学校や市場などの施設を有し住宅地が広がる南側エリアとに分かれているが、南北いずれも飲食店の極めて多い街並みとして知られている。

一九八〇（昭和五五）年六月、社名を「ジャスマック」と変更すると同時に、同社が中洲地区内に落成した物件が、「ジャスマック博多館（通称：博多バッカス館）」である。

「バッカス」とはローマ神話の酒の神だ。その名の示す通り、「博多バッカス館」は地階から最上階まで、中小規模の飲食店が多数入居する「飲食ビル」である。ちなみに、昨今でこそ大手デベロッパーまで参入するようになった「飲食ビル」だが、この時代には「飲食店舗専門」というコンセプトで設計・施工されたビルはあまり一般的ではなく、せいぜい「バーやスナックが多数集まった雑居ビル」という事例がほとんどだった。

「博多バッカス館」の建築計画は、デベロッパーに福岡地所株式会社、建築主に株式会社高木工務店という体制で、ジャスマックは完成後のビル管理を委託されることになっていた(ただし、飲食ビルとしての企画を持ち込んだのは建築計画の段階からであり、当時の飲食界情報管理センターの発案であるという)。

同ビルの竣工後、デベロッパーである福岡地所が区画分譲を行なっているため、この時福岡地所から直接区画購入した分譲オーナーが何名かいる。その残りをジャスマックが一括購入して、「店舗銀行」として自ら区分オーナーとなった。これにより、「博多バッカス館」は分譲オーナーとジャスマックの「持ち合いビル」となったのである。

同年一〇月には、北海道札幌市に「ジャスマック札幌1番館(通称：ジョイフル札幌)」を落成する(これについては第三章で詳述する)。さらに、翌一九八一(昭和五六)年四月には東京・渋谷駅前に「コスモ渋谷館」を落成しているが、同ビルは前述した福岡の「博多バッカス館」とほぼ同時進行でプロジェクトが進められていた。葛和は言う。

「『コスモ渋谷館』の計画については、松村組さんが工事を請け負い、オリエント商事さんが一旦所有し、以前からお付き合いのあった三菱信託銀行さんが販売され、当社は出来上がった物件を賃貸借したと記憶しています。福岡の『博多バッカス館』の場合は、福岡銀行とつながりがあった福岡地所が、福銀の支社ビルなどの建築実績のある高木工務店に話を持っていき、高木工務店が建築主になりました。

この高木工務店が我われの『店舗銀行システム』に興味を示し、我われの企画で『博多バッカス館』を建てて、管理を委託されたわけです」

この「コスモ渋谷館」と、三年後の一九八四（昭和五九）年一二月落成の「ジャスマック赤坂館」を最後に、ジャスマックの東京における事業展開は事実上、一区切りとなった。


一方、前述した東北支社を拠点として、一九八二（昭和五七）年一月には「ジャスマック青森橋本館（現・クレッセント橋本）」が落成している。同ビルの設計を担当したのは、弾設計株式会社代表取締役であった建築家・金子満氏（故人）であった。金子は一九六七（昭和四二）年に早稲田大学理工学部を卒業後、圓堂建築設計事務所、黒川雅之建築設計事務所を経て、一九七〇（昭和四五）年に仲間とともに弾設計株式会社を設立した。弾設計は、東京・世田谷区にオフィスを構える一級建築士事務所であった。集合住宅から個人宅、商業ビルからホテルまで手掛けてきた作品は数多い。

葛和満博はもともと、実力のある建築家やインテリアデザイナーの作品を見るこ

ジャスマック青森橋本館

ジャスマック秋田館

とが好きだという。気に入った作品に出会えば、作者である建築家にも会いに行く。金子との出会いも、東京・吉祥寺で彼らのプロジェクトをひと目見て気に入った葛和が、自ら足を運んで金子に会いに行ったのが始まりであった。

金子は、葛和のイメージする「店舗銀行」の設計思想に深い共感と理解を示し、この「ジャスマック青森橋本館」を機縁としてジャスマックの「店舗銀行」物件を何棟も手掛けてきた。同年八月に落成した福岡県中央区天神の「ジャスマック天神（通称：天神バッカス館）」と秋田県秋田市大町の「ジャスマック秋田館」、一〇月に落成した青森県弘前市の「ジャスマック弘前館」などは、いずれも金子満と弾設計の設計である。

「地方都市に一棟建ての飲食ビルを建て、『店舗銀行システム』によりオーナーに分譲する」というジャスマックのビジネスモデルは、この一九八〇年代前半に本格化したと言っていい。

北海道では引き続き、「ジャスマック札幌」の「2番館」から「5番館」がこの時期立て続けに落成しており（第三章参照）、一九八三（昭和五八）年六月には熊本営業所を開設。ここを拠点として、翌一九八四（昭和五九）年六月には熊本県熊本市中央区に「ジャスマック熊本館」が落成する。さらに七月には青森県青森市本

ジャスマック弘前館

ジャスマック熊本館

町に「ジャスマック青森本館（現・ジャスマック 青森館）」が落成し、日本の北と南で同時進行する形で「店舗銀行システム」による新しい飲食ビルが次々に誕生していったのである。

一九八五（昭和六〇）年七月、福岡市博多区中洲に「ジャスマック九州支社ビル」が完成し、それまでの春吉地区のオフィスから移転する。同年八月には、中央区天神の「天神バッカス館」に隣接して「ウィズ天神」が開業し、福岡市内で四棟目の「店舗銀行」ビルが誕生した。

花街・春吉地区をジャスマックがリデザインする

葛和満博の考案した「店舗銀行システム」は、このように地方都市を舞台として一定の成功を収めるに至った。ただし、葛和はこの状況に必ずしも満足していたわけではなかった。一棟の飲食ビルを建て、そこに中小規模の飲食店が多数入居するということは、周辺の既存の小規模飲食店にとっては強力な商売敵ができるということである。当然、これらの既存店からの上納金を〝みかじめ料〟として資金源にしていた反社会的勢力にとって、ジャスマックの飲食ビルはいわば目の上の瘤《こぶ》となり、様々な嫌がらせを受けることもあったという。

葛和は、これらの嫌がらせをものともせず、断固として反社会的勢力の立ち入りを許さなかった。また、それと同時に、入居するユーザーたち（その中には女性だけで切り盛りしている店も少なくない）が安心して店を経営できる環境づくりに取り組まなければならなかった。

ジャスマックの「博多バッカス館」の建つ春吉地区周辺は、典型的な〝夜の街〟である。仮に反社会的勢力を締め出したとしても、酔客同士の喧嘩沙汰はもちろん、金銭の貸し借りや男女の痴情のもつれを巡るトラブルなど、暴力や迷惑行為は日常茶飯事だった。

「何とかしなければならない……」

そう考えた葛和は、春吉地区の治安を向上させるために、土地柄そのものの環境を改善する必要を感じていた。といっても、ジャスマックは警察でも役人でもない。できることは限られている。その中で、環境改善のために何ができるか――？

葛和の結論は、「街のイメージそのものを一変させる」ことであり、そのためには、「何か、象徴となる建物を建てよう」ということであった。

　ちょうどこの時期、東京では新宿西口の旧淀橋浄水場跡地に新都庁舎建設計画が進められており、これに伴って新宿駅周辺の治安の向上が急務とされていた。なお、新宿もまた江戸時代に遡る花街であり、近年においても様々な風俗営業店が密集する歓楽街である。都庁移転を機に、こうした土地柄とマイナスイメージを一新することが求められていた。丹下健三氏の設計による東京都庁舎のツインタワーは、その象徴となる予定であった（一九八八年着工）。これは行政庁舎であるから意味合いは大きく異なるが、エリアの中心地に建設されたランドマークの放つ鮮烈なプラスイメージが、もともとその土地に根づいていたマイナスイメージを払拭《ふっしょく》し、環境改善の象徴となったという意味では、共通の発想に基づいていると言ってもいいだろう。

　ならば、春吉地区のイメージをリデザインし、治安の向上につなげる象徴となる新しい建物をこの地に建てればいい……。

　この葛和の着想は、いささか意外な形で実現に向かうことになる。

　春吉地区の北側の那珂川沿いは、前述した通りラブホテル街となっている。

ホテル　イル　パラッツォ

ホテル　ウィズ、ホテル　アネックス

日本におけるラブホテルは、江戸時代の「出会い茶屋」や戦後の「連れ込み旅館」を経て、一九六八（昭和四三）年、石川県加賀市に日本初のモーテル（モーター・ホテル、モテルとも）と言われる「モテル北陸」が開業した。これが建築時の予想とは違ってもっぱら男女の逢《あ》い引きに利用されたことから、その後、全国各地に建てられたモーテルは当初から男女の逢い引きを主用途とするようになった。一九七〇年代には、郊外のロードサイドなどに建てられクルマで入るところを「モーテル」、繁華街の裏通りなどに建てられ徒歩で入るところは「ラブホテル」という呼び方が定着したという。

歓楽街近くに建てられたラブホテルは、飲食店の従業員と店のお客などのカップルが利用することが多く、周辺環境に与える影響は良好とは言い難かった。また、一九八〇年代に入ると、テレビの深夜番組や週刊誌などでラブホテルの情報が盛んに取り上げられるようになり、利用者も増え、全国的にラブホテルの建築ラッシュが起こった。これにより、風紀の乱れが問題視されるようになったため、一九八五（昭和六〇）年に施行された改正風俗営業法において、ラブホテルは「店舗型性風俗特殊営業」の四号営業として、新規開業の申請手続きが煩雑化されるようになった。

その一方で、一九八〇年代後半のバブル景気を迎えた日本では、男女関係における女性の発言力が強くなり、ラブホテルを選ぶにも女性側の意見が尊重されるようになる。その結果、かつてのようなケバケバしい内装や扇情的なデザインは敬遠されるようになり、外観も一般的なシティホテルに近い、洗練されたスタイリッシュな建物が求められるようになった。

その名称も、即物的な「ラブホテル」ではなく、「ファッションホテル」、「ブティックホテル」などの言い換えが好まれるようになった。

こうした世の中の動向を踏まえて――ジャスマックは、春吉地区に何棟かのホテルを建築していくことになる。

ます、一九八四（昭和五九）年九月に「ホテル ウィズ（現・5th HOTEL EAST）」――。

続いて、一九八七（昭和六二）年八月に「ホテル ウィズアネックス（現・5th HOTEL WEST）」、九月には「ホテル オークハウス」――。

これらのホテル群は「ファッションホテル」を名乗りつつも、実態としては既存のラブホテルと大きな違いはなかった。それでも、竣工直後は新しさと清潔さで多くのお客を集めたものだったが、どう見てもエリアのイメージを塗り替える力はなく、むしろ積極的にエリアに溶け込むような建物だと言えた。

「このままではいけない……」

そう考えた葛和満博が、その次に春吉地区に建設することにした建物こそ、後の「ホテル イル パラッツォ」である。

日本では、豪華さや贅沢さのイメージとしてホテルの名称に英語の「パレス」、フランス語の「シャトー」など、「宮殿」「王侯や貴族の邸宅」を意味する言葉をつける例が多いが、「イル パラッツォ」もイタリア語で「宮殿」という意味になる。

「ホテル イル パラッツォ」はその立地条件からして、当然ラブホテルとしての利用も想定している。だが、カップルで利用するにしても、「休憩」ではなく「宿泊」での利用が断然多く、ビジネスホテルのように単身での利用、あるいはシティホテルのように家族や仲間うちでの利用も珍しくない。何より、わざわざ遠方から、あるいは海外から、このホテルに一泊するだけの目的で、はるばる福岡までやって来る観光客も少なくないという。

なぜなら――この「ホテル イル パラッツォ」こそ、葛和満博が仕掛け人となった日本の〝デザイナーズホテル〟の先駆けだからである。

アルド・ロッシと内田繁の出会いが生んだ「ホテル イル パラッツォ」

「ホテル イル パラッツォ」の「実施設計」は弾設計の金子満社長だが、その前に「基本設計」という形で、ホテルの外観などのデザインを描いた人物がいる。その人物こそ、イタリアの建築家アルド・ロッシ氏（故人）。「イル パラッツォ」とイタリア語で命名したのも彼だ。

アルド・ロッシは一九三一年五月三日、イタリアのミラノで生まれた。葛和満博と同い年だが、一二月一日生まれの葛和より半年余り年長に当たる。ロッシはミラノ工科大学を卒業後、建築雑誌の編集を経て、一九六四年に個人の建築設計事務所を開設するが、その後も欧米各地の大学で都市計画の研究や建築の教育に携わってきた。このため、ロッシの初期の仕事である一九六〇年代の作品群は、ほとんどが理論上の架空の計画や、コンペで選外に終わった未完の作品であったという。一九七〇年代末頃から、母国イタリアを中心に精力的に作品づくりに取り組み、ヴェネツィア・ビエンナーレの「Teatro del Mondo（世界の劇場）」（一九七九年）をはじめ、様々な作品を発表してきた。

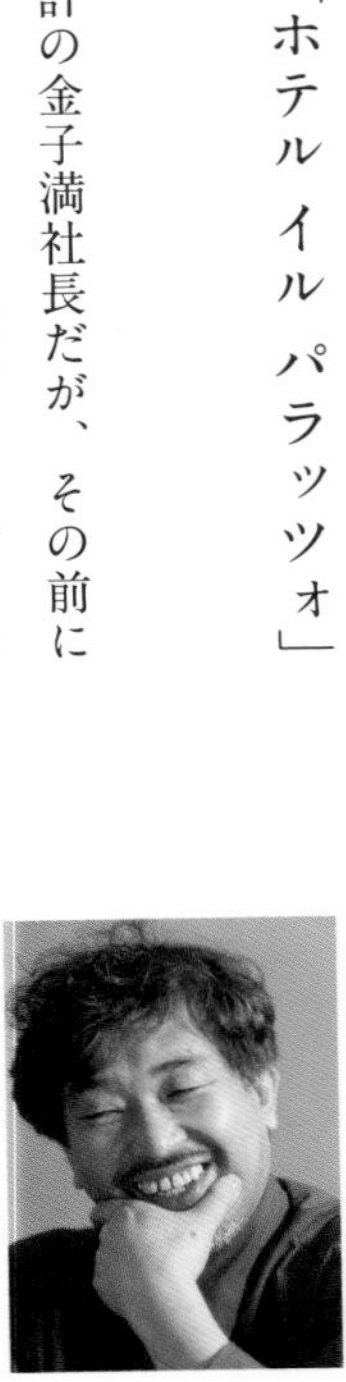
内田繁

アルド・ロッシの起用を葛和満博に提案したのは、その当時ですでに二〇年近い付き合いのあったインテリアデザイナーの内田繁氏（故人）であったという。

内田繁は横浜市の出身で、ロッシや葛和よりちょうど一回り年少の一九四三（昭和一八）年生まれ。桑沢デザイン研究所を卒業後、インテリアデザイナーとして早くから活躍しており、いすや照明などのデザインで高い評価を受けて、作品の多くは海外の美術館に収蔵されている。また、当時、最先端のファッションブランドとして注目されたY，sなどアパレルブランドの店舗のデザインなども手掛けており、国内外で活躍してきた。桑沢デザイン研究所時代の同窓生には、著名なアートディレクター、グラフィックデザイナーとしても知られ、また、門司港ホテルの茶室のデザインも担当した浅葉克己らがいる。

「ホテル イル パラッツォ」竣工の翌年、株式会社日経BPの発行する『日経アーキテクチュア』一九九〇（平成二）年一月二二日号に掲載された葛和のインタビュー記事を見ると、当時の舞台裏と葛和の本音が語られている。一部、抜粋して引用してみよう。

「――海外の建築家に早くから着目されたわけですが、それは何か人間的なつな

アルド・ロッシ（写真右）

がりが先にあって、そのうえでプロジェクトを推進されたわけですか。

葛和　人間的なつながりというよりも、私はそういうもの（注：建築やデザインの作品）に関心を持っていますから、作品を見るとどうしても会いたくなる方なんです（笑い）。私は建築にしてもデザインにしても国境はないと思うのです。それぞれ個人の好みはあっても、善し悪しに国境はないと思います。

やはり私もアートやデザインが大好きですから、広い視野で世の中を見ていると、日本人の感性だけでは飽き足らないのです。表現能力の点で力不足は否めません。いい開発をしようと思えば、十分なボキャブラリーもなければなりません。それぞれできるだけ豊富なボキャブラリー、それが例えば絵を描く絵の具としたら、デベロッパーとしては国内の絵の具だけでは不十分なんですよ。

現実に今度の小樽ホテルなんかは日本人では絶対にできません。今度オープンしたイル・パラッツォにしても、日本の建築家も同じようにプレゼンテーションの提出を求めたのですが、ああいう発想は出てこなかったですね。持っている絵の具が違うのですね。

（略）

――福岡のイル・パラッツォですが、アルド・ロッシは世界でも著名な建築家です。その人を選定された最大の理由というのは何だったのですか。

葛和　私が春吉一帯を開発しようと考え、何かいいアイデアはないか、何か目玉になるようなものはないかといろいろ考えたわけです。

春吉という所はご存じのように中洲と天神の間にありながら、開発が非常に遅れた場所だったんです。それを買収して奇麗にしていく中で、ここにどういう形の仕掛けをしたらいいか。やはりこれはロフト的なエリアだけに、あえて文化的なものを持ってこれないか、ということでインテリアデザイナーの内田繁さんに相談したのです。彼は私の古い友人で、私の依頼した店舗の作品でデビューしたというか、もう20年ぐらいの付き合いです。そのときに、間髪を入れず内田さんがアルド・ロッシにやらせると思白いと言い、早速アルド・ロッシをすぐ呼んだのです。そこでプレゼンテーションを提出してもらった。それを見てピーンときて、とりこになってしまったのです。

アルド・ロッシはキンキラキンのプロジェクトをやる人ではなくて、非常に大衆性のある建築家です。例えば私と一緒にパチンコをしたり、長浜ラーメンを食いに行ったりしましたね。そういうことの方が好きな人間です。そうした人柄と春吉の町がぴたっと合ったのです。

（略）

――いいものには国境がないというお話ですが、日本人の建築家とかインテリアデザイナーにも結構、力を持った人がいますよね。たまたま社長の眼鏡にかなわないということですか。

葛和　そんなことはありません。決して外国人づいているわけじゃないですから、間違いのないようにしていただきたいですね（笑い）。私は外国人と日本人のデザイナーを全く区別していません。

（略）

有能なデザイナーに仕事の場を提供すると、デザイナーの方からどんどん情報が入ってきます。その流れが来年、再来年もっと大きくなるといいな、と思って

葛和を中心とした打合せ

アルド・ロッシは現場に足を運び設計を行った

います。」

（『日経アーキテクチュア』「作品をよく見れば力ある建築家に行き着く」）

こうして――基本設計および全部で四つあるバーの一つの内装をアルド・ロッシ（と彼のパートナーであるモリス・アジミ）が、実施設計および監理を金子満と弾設計が、ホテル及びレストランの内装を内田繁（と彼のパートナーである三橋いく代）が――さらに、残り三つのバーの内装及びイベントスペースの内装を、それぞれ国内外の一線級のインテリアデザイナーが担当。才能とクリエイティブセンスの粋を尽くして競演した〝デザインの総合体〟である「ホテル　イル　パラッツォ」は、一九八九（平成元）年一一月に竣工を迎えた。

新元号「平成」施行の年に完成した同ホテルは、地元の博多っ子たちの春吉地区に対する根強いイメージを打ち消し、女性や子どもだけでも安心して立ち入ることのできる「集客のできるエリア」へとイメージを塗り替えるための第一歩であった。

葛和満博の構想する「春吉再開発計画」は、ここにようやく本格化したのである。

――それから一七年後の、二〇〇五（平成一七）年一一月二一日。

春吉地区に「ジャスマック酒肴《しゅこう》小路・博多」が竣工して間もなく、熊本と福岡を中心に地域密着型のタウン情報を発信していた株式会社メディアプレスの『kyushu eyes』（二〇〇七年八月に廃刊）に「カップルで行く、大人の春吉マップ」という特集企画が組まれた（掲載号不明）。同特集の冒頭には、次のような文章が記されている（原文ママ）。

「天神からも、キャナルシティからも徒歩圏内。そんな福岡市の中心部にありながら、どことなく『暗い』『恐い』といったダークなイメージが強かった春吉界隈。

（中略）

目と舌の肥えた〝大人〟たちを満足させることができる店だけが自然とこの街に集まり、グルメスポットとしての春吉の魅力を質の高いものにしてきたのだ。2月にグランドオープンを迎える『ジャスマック酒肴小路』もまた然り。ジャンルも様々な17軒もの飲食店が一同に会したこのビルは、特別な日に利用したいハイセンスな飲食店が勢揃い。国体道路に面した立地も相まって、春吉の玄関口として、この街の存在をググっと親しみのあるものにしてくれている。

という訳で新提案。春吉って、カップルでご飯を食べに行くのにとても適した街ではないか。（中略）これからの大人は、春吉を選ぶ。」

いかにも地方のミニコミ誌らしく、いささか宣伝がましい文章になっているものの、ここに描写されている春吉の街は、昔日の花街のイメージとは隔世の感があるだろう。長年にわたるジャスマックの地道な取り組みが、ようやく実を結ぼうとしていたのだ。

ロッシの〝遺作〟「門司港ホテル」の落成

「ホテル　イル　パラッツォ」開業の翌年、一九九〇年にアルド・ロッシは「プリツカー賞」を受賞した。

これは、アメリカのハイアットホテルアンドリゾートのオーナーであるプリツカー家が運営するハイアット財団から建築家に授与される賞である。この時点で一二年目とまだ歴史は浅かったが、「建築家にとってのノーベル賞」とも言われる名誉ある賞であり、ロッシはイタリア人建築家として初の受賞となった。

さらに、開業から一年余りを経た一九九一（平成三）年一月、「ホテル イル パラッツォ」は「第四回（一九九〇年度）福岡市都市景観賞」を受賞することになった。さらに、同年にはＡＩＡ（アメリカ建築家協会）より、アメリカ国内以外の建築物としては史上初めてとなる「ＡＩＡ名誉賞」も受賞している。

これらの表彰により、建築家アルド・ロッシの名声はさらに高まることになった。日本で初めての作品となった「ホテル イル パラッツォ」の落成後、ロッシはしばらく日本にとどまり、いくつかの建築物を手掛けている。グラフィックデザイナーの浅葉克己は、「ホテル イル パラッツォ」の落成日に現地を訪れて衝撃を受け、桑沢デザイン研究所の同窓であった内田繁に頼んでロッシを紹介してもらい、港区南青山の土地にロッシの建築を注文したという。一九九一（平成三）年に完成した三階建ての「浅葉克己デザイン室」の建物は、基本設計をアルド・ロッシ、内装を内田繁が担当した。

同じ年、同じ南青山に、「アンビエンテ・インターナショナル本社ビル（現・ジャスマック青山）」が竣工した。

アンビエンテ・インターナショナル社は当時イタリアモダン家具の輸入販売を手

掛けていた会社であるが、後に葛和満博がここを本社ビルとして買い取り、パーティやイベント会場としても利用できるレンタルスペースとして活用している。

ロッシはその後、日本とヨーロッパ諸国を忙しく往復しつつ、同時進行で複数のプロジェクトに参画するようになった。この数年間にロッシが関わった建築物としては、代表的なものだけを挙げていっても、イタリアはジェノヴァの「カルロ・フェリーチェ劇場」（一九九〇年／イニャーツィオ・カルデッラとの共同設計）、フランスはパリの「パリ一九区の集合住宅」（一九九二年）、日本は名古屋の「ポートモールアピタ港」（一九九三年／現・ポートウォークみなと）、オランダはマーストリヒトの「ボネファンテン美術館」（一九九五年）、ドイツはベルリンの「シュッツェン通りの集合住宅」（一九九八年／ベルリン国際建築展・ＩＢＡの一部）……と枚挙にいとまがない。

そんな、多忙ながらも充実した日々を送っていたアルド・ロッシであったが――別れの日は突然にやってきた。

一九九七年九月四日、母国イタリアに帰国していたロッシは、ミラノで自動車事故に遭い、その生涯を閉じたのである。享年六六歳、まだまだ働き盛りの年齢であった。

ロッシの突然の死の後、進行中だったいくつかのプロジェクトは、後を受け継いだ者たちの手によって、それぞれ無事に完成を見ることができた。

その一つが、福岡県北九州市門司区に建てられた「門司港ホテル」である。

「門司港ホテル」は、北九州市が観光スポットとして一九八八（昭和六三）年から整備を進めてきた「門司港レトロ」地区の観光の拠点として計画された。

門司港レトロとは、門司港周辺に現存または移築されてきた歴史的建造物と、それに合わせて「大正レトロ調」に統一されたホテルや商業施設が集積する街並みのことだ。ここには、国の重要文化財に指定されているJR門司港駅（一九一四年築）を中心に、九州鉄道記念館（旧九州鉄道本社）・北九州市旧大阪商船（旧大阪商船門司支店／国の登録有形文化財）・北九州市旧門司三井倶楽部（国の重要文化財）・門司区役所（国の登録有形文化財）等々、明治〜昭和初期の建造物が集積しており、一九九五（平成七）年三月にグランドオープンした。

「門司港ホテル」の外観デザインもまた、これらのレトロな建造物の街並みに合わせたものとすることが要求されることになった。

「門司港ホテル」は、設計をアルド・ロッシ、内装を内田繁、と「ホテル　イル　パラッツォ」の再現となる組み合わせに加え、全館のロゴデザインを担当するアートディレクターとして浅葉克己が参加することになった。ロッシは前回が日本で初めての建築物だったが、今回はいろいろ場数を踏んできたために、そのデザインはさえわたった。内田も浅葉も、お互いに敬愛するデザイナーとのコラボレーションということで気合が入っていた。

「門司港ホテル」は一九九六（平成八）年四月に着工し、ロッシは、イタリアやドイツやスペインなどで同時進行中だったプロジェクトを見るために、忙しく各国を飛び回っていた。

――そのさなかの自動車事故であった。

葛和満博も、内田繁も、浅葉克己も――ロッシの偉大さを知る世界中の人びとが、涙を流してその早過ぎる死を悼んだ。

悲報から一年余りが過ぎた一九九八（平成一〇）年一〇月、「門司港ホテル」は無事に竣工を迎えた。前述のように、ロッシは生前、複数のプロジェクトが未完成の状態で世を去っており、海外ではこれ以降に完成を迎えた案件もあるが、日本においては、これがアルド・ロッシの〝遺作〟となってしまった。

建物は無事に完成したものの、開業にあたっては懸念材料が一つあった。「門司港ホテル」の成り立ちはやや複雑で、土地は北九州市が、建物は第三セクターの門司港開発（北九州市、フジタ、若築建設、出光興産他の共同出資）が所有し、ジャスマックはホテルの運営と経営を任されている。

第三セクター、いわゆる「三セク」と聞いただけで、トラウマに近い拒否反応を示す人びとが今でもいる。三セクといえば「赤字」「経営破綻」の代名詞であり、自治体が破綻した三セクの整理や廃止をする際の資金調達手段として、「第三セクター等改革推進債（三セク債）」の債券発行が認められてきたほどだ。

――せっかくロッシの最後の仕事を完成させたのだ。むざむざ潰してしまってはロッシに申し訳ない……。

口には出さないまでも、そう考えていた関係者は少なくなかっただろう。

だが、ジャスマックが運営を任されていた当時の「門司港ホテル」は、三セクとしては例外的といえるほど安定した経営で着実に利益をもたらしてきたという。

産経新聞社のタブロイド夕刊紙『夕刊フジ』の紙面で、「ウォーズシリーズ」というコラムを連載していたジャーナリストの清丸恵三郎氏は、二〇〇一（平成一三）年一〇月下旬に「エンターテインメント・ウォーズ　続・ホテル大乱戦」と題した一連のコラムの中で、複数回を割いて当時の「門司港ホテル」について記述している。一部を引用してみよう。

「（前略）『私どものホテルは、ホテルとはこういうものという既成概念にとらわれない。料理も同様で、既成のものにとらわれないでやってもらって結構と言っているんです』と、ジャスマック会長の葛和満博は語る。既成の枠からはみだすことで、話題性と人々の関心を呼び込み、集客力を強化するという葛和流マーケティング手法と言っていいだろう。

もっともそれが単なるこけおどしに終わるようなものなら、あっという間に人々から見放されることになるわけだが、イル パラッツォ＝写真＝にしろ、門司港ホテルにしろ、しっかり顧客をつかまえていることでわかるように、葛和は異端ながらあくまでも本物を志向しているのである。

と同時に、葛和が志向しているのは日本のホテル会社が最も苦手としている計数管理重視型の経営だ。

『ホテルというのは、投資リスクはオーナーが、運営面のリスクはオペレーションをする側が担うべきです。私どもは運営のプロとして、門司港ホテルにおいてはオペレーション上のロスが出ないような形態をとっている。つまり無駄な人、

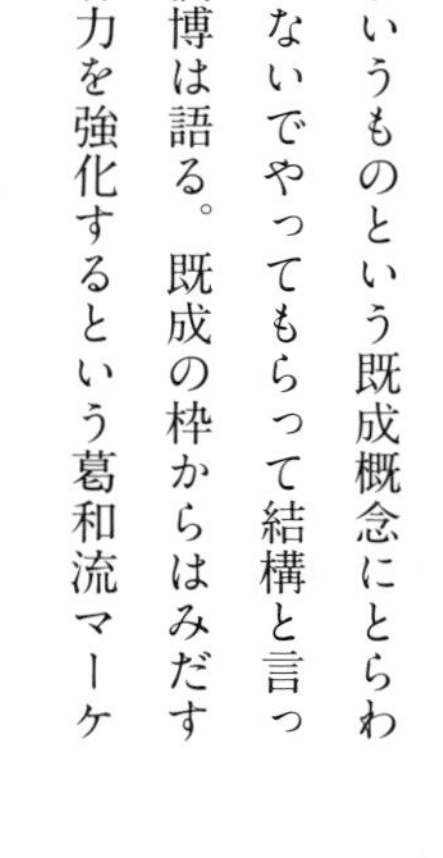

アルド・ロッシのデザイン画とともに門司港ホテルの魅力のすべてが描き出された書籍『門司港ホテル』

門司港ホテル

無駄なスペース、無駄な施設を極力省いているんです』と葛和は話す。(後略)」
(『夕刊フジ』二〇〇一年一〇月三〇日号紙面)

ここで言及される「計数管理重視型の経営」という用語、また、「投資リスクはオーナーが、運営面のリスクはオペレーションをする側が担う」という言い回しに注目したい。

前者は「店舗経営は統計学」として、後者は「所有と経営の分離」として、第一章で述べてきたことと同じである。つまりこれは、「店舗銀行システム」の根幹なのだ。

貿易業から不動産業へ、不動産業から飲食業、ホテル業へ……葛和満博の転身は、一見、まるで畑違いの分野に行き当たりばったりに首を突っ込んでいるように見えるかもしれない。それで、曲がりなりにも成功を続けてきたというのだから、よくよく幸運に恵まれた人物だと思われるかもしれない。

だが、やはり「そういうことではない」ということが、ここで明らかになった。

もちろん、臨機応変な判断力と変わり身の早さ、持ち前の運の良さを備えていることは否定しないが、ただそれだけで世の中を渡ってきた人物ではない。

ビジネスの本質とは何か――それを正確に見抜き、かつ、幅広い応用が利くからこそ、葛和はこれまで成功を重ねてきたのだろう。

次章では、ちょうど本章に書かれているのと同時期に、別の場所で葛和が直面していたある重大案件について述べていく。

第三章　札幌・すすきのに湯けむりが立つ

ジャスマックの札幌への進出と店舗開発

第二章でも述べたように、社名変更後の一九八〇（昭和五五）年一〇月、ジャスマックは日本の北端である北海道札幌市中央区南六条西に「ジャスマック札幌1番館（通称：ジョイフル札幌）」を落成した。

かたや福岡、こなた札幌――と、文字通り日本の南北で同時進行していた「店舗銀行システム」の飲食ビル建築は、一九八〇年代に入ると一気に加速する。

一九八三（昭和五八）年三月には「ジャスマック札幌2番館」、一〇月には「ジャスマック札幌3番館」、一九八四（昭和五九）年三月には「ジャスマック札幌5番館」、一九八五（昭和六〇）年六月には「ジャスマック札幌6番館」がそれぞれ落成する（4番館が存在しないのは、縁起を担いで「4＝し＝死」を嫌ったものだろうか）。これら五棟の飲食ビルは、いずれも札幌市中央区の歓楽街〝すすきの〟に建てられている。

すすきのは漢字で「薄野」と書くが、これは正式な地名ではなく、通称である。地名の由来には諸説あるが、読んで字の如く、かつてはススキの生い茂る無人の野だったのかもしれない。ちなみに、江戸時代の遊郭として栄えた「吉原」の地名は、かつては「葦（葭）の生い茂る原」であったことから当初「葭原」と呼ばれ、「葭＝あし」は「悪し」に通じることから、後に「良し」に通じる縁起のいい「吉＝よし」の字を当てたものだという。

札幌市のすすきのは、東京都の新宿歌舞伎町、福岡市の中洲と並ぶ「日本三大歓楽街」の一つであり、「アジア最北端の歓楽街」と呼ばれることもあるが、その一方で「女性だけで飲み明かしても安全」と言われるほど治安の良い街でもある。前章で述べた福岡の春吉地区をはじめ、青森や秋田などの歓楽街に飲食ビルを出店した際には、ジャスマックはユーザーが安心して営業できるように治安面にも配慮して立地を選定しなければならなかったが、すすきのではその必要もない。ジャスマックが最初の出店から、短期間のうちに次々と飲食ビルを立ち上げることができた理由の一つはここにあったと言っていい。

この時代、日本経済はやがて来るバブル景気に向けて右肩上がりの成長を続けていた。都心部では、地価が際限もなく上昇しており、当時の不動産投資といえば「土地は値下がりしない。持っていれば必ず値上がりするから、適当な時期を見計らって売却すれば差益でもうかる」という〝土地神話〟を根拠としたキャピタルゲイン目的の投資が大多数だった。葛和満博は後年、マスコミのインタビューに対して「バブルの頃にはもう、日本で物件を買うのは止めました」と答えている。

なお、この時期に作成されたジャスマックのパンフレットには、飲食ビル（＝商業ビル）の開発に対する葛和満博の持論がわかりやすく文章化されているので引用してみよう。

ジャスマックは、新しいコンセプトに基づいた新しい商業ビルの開発を展開します。

従来のテナントビルは、多くの問題をかかえていました。レンタブル比の上昇のみを目標とした開発。テナント構成の無計画性、貧困な共用部分、無表情なファサード（建物の正面）。これらのことから、テナントビルのほとんどが、いわゆる『雑居ビル』と呼ばれていました。言い替えると、ただ詰め込めばいいというのが、これまでの雑居ビルの姿であり、開発の姿勢だったわけです。

情報が充満し、人々の要求が際限なく拡大・多様化していく現在では、これまでの雑居ビルでは、対応することができなくなっています。大衆の意識の変化に応えるためには、まず、様々な個性を集積したテナントミックスを、企画の段階から、十分練り上げなければなりません。

ジャスマックの商業ビルは、将来的な展望に立った長いタイムスパンの上で、時代感覚に鋭敏に対応した開発が行なわれます。


なお、このパンフレットには「全国オンライン・コンピュータシステム」と銘打ったページがあり、当時のジャスマックがすでに東京本社と北海道支社・東北支社・九州支社・秋田営業所・熊本営業所・長崎営業所を結ぶ「オンライン・リアルタイム・ネットワークシステム」を構築していたと記されている。ここでは「人と機械を有効に結合させたビル管理システムを採用」し、「さらにコンピュータによる債権管理システムで完璧なテナント管理を行なって」いるとあるから、この時点でどこからどこまでがコンピュータ化されていたのかは不明確だが、かなり先進的な取り組みであったことは間違いない。

念のために言っておくと、このパンフレットが作成されたのは（正確な日付は不明だが）一九八六（昭和六一）年頃のことだ。CERN（欧州原子核研究機構）のティム・バーナーズ＝リーがWorld Wide Web（WWW）を発明したのが一九八九年、日本で本格的にパーソナル・コンピュータが普及したのは一九九五（平成七）

年以降だということを考えれば、ジャスマックの先見性がよくわかるだろう。単にコンピュータの導入時期だけでなく、前述した商業ビル開発についての葛和の見解にしても、明らかに時代を先取りしている。

そんな、葛和とジャスマックの先見性に注目したものであろうか――パンフレットが作成されるより少し前、ジャスマックに「ある提案」を持ち込んできた人物があった。

「必ず出ます」の言葉を信じ、すすきので温泉を掘る

その人物とは、株式会社マグマの社長・河野順一である。

一九八五（昭和六〇）年のことであった。この年の五月、ジャスマックは札幌市中央区の旧ホテル丸松跡地を取得し、ここに新たなホテルを建設するべく動き始めていた。この時点では、前年九月に福岡の春吉地区に落成したジャスマック初のホテルである「ホテル ウィズ」の関連施設ということで、「ウィズ シティ」という計画名であった。

河野はこの（仮称）ウィズ シティ建設計画を聞きつけて、ジャスマックの北海道支社（現・札幌支社）を訪ねてきたのである。

たまたまこの時、葛和満博が北海道支社に滞在しており、この突然の訪問者に会って話を聴くことにした。河野は、葛和に次のような話を持ち掛けてきたという。

「――当社はすすきのに温泉を掘ろうと考えています。出資していただけませんか？」

彼の率いるマグマ社は、札幌市中央区に本社を置く地熱暖房施設建設会社だ。同社の研究機関である道地熱総合研究所の手で、その一〇年ほど前から全道の地下資源の調査を続け、札幌圏の〝温泉有望地マップ〟を作成した実績もあった。

実は、札幌市内で「温泉が出た」という話はこの二年ほど前にもあり、それほど唐突な提案というわけでもなかった。一九八三（昭和五八）年一月、札幌市北区にある北海道立地下資源調査所（現・地方独立行政法人北海道立総合研究機構 環境・地質研究本部 地質研究所）の建物のすぐ横で、摂氏三五度・毎分四〇〇ℓの温泉を地下六〇〇ｍで掘り当てたという事実があったのである。葛和も当然、このことは承知している。

河野自身も、この五年ほど前に札幌市中央区で自社ビルを建設した際に、地下一五〇mから摂氏一六・五度の「水」が出たことがあったという。周囲に火山がなくても、地熱の上昇により地下水は高温状態に置かれ、deep geothermal water（深層熱水）となる。この地下水脈を掘り当てれば、温泉が湧出するのである。これらの事実から、「大深度の井戸掘削を行なえば、札幌市内でも温泉が出る可能性がある」と河野は考えたのであった。

とはいえ、それはあくまで「可能性がある」というレベルの話であり、実際に

——身銭を切って——出資するかどうか、となると話はまるで違ってくる。本格的

ボーリング工事を行なうとなれば莫大な費用がかかる。酒落や道楽で出せる金額ではない。事実、ジャスマックを訪ねる前に、河野は地元の経済界の人びとを訪ね歩き、この話を持ち掛けたのだが、興味は示しても積極的に賛同する者は誰もいなかったという。この時点では、「海のものとも山のものともつかない与太話《よた》」にすぎず、無謀なギャンブルだと誰もが思ったのだろう。

しかし、葛和満博だけは違った。

「——で、いくらかかるの？」

河野が手渡した調査結果のデータを興味深く見ながら、葛和はおもむろにそう尋ねた。

「試掘に一千万円。最終的には六千万円……」

間髪を入れず、河野が即答する。

「……温泉は本当に出るの？」

「必ず出ます」

それだけ聞くと、葛和は大きくうなずいた。そして、言った。

「やりましょう」


一度そう決断すると、葛和の行動は迅速だった。同年七月には、マグマによる調査ボーリングが始まった。一〇月中旬まで行われた調査ボーリングにより、地下六〇〇mの深度で摂氏二五度以上の温泉脈が存在することが確認できた。

この調査結果を得て、葛和と河野は監督官庁である北海道庁衛生部に温泉掘削許可の申請を行った。同年一〇月末のことであった。

お役所仕事だけに即日とはいかなかったものの、約一カ月後の一二月三日、無事に掘削許可が下りた。これを受けて、一二月九日、ついに地下八〇〇mの掘削を行う本格的なボーリング工事が開始された。

ここに至って、マスコミががぜん注目し始めた。

「薄野温泉」掘り当てろ　民間企業が本格事業　温泉脈は確認済み「多目的ビルの核に」

（『北海道新聞』一九八五年一二月一七日号）

出るか「薄野温泉」南7西3　(株) ジャスマック、自信のボーリング工事

温泉・ホテル・温水プール…広がる構想

（『すすきの新聞』一九八五年一二月二〇日号）

ススキノに本物温泉の快挙？　を掘り当てる6000万円ボーリングの確率

（『WANTS　北のフォーカス』一九八五年一二月号）

ここに挙げた見出しを見ただけでも、必ずしも好意的な記事ばかりではなく、中には揶揄《やゆ》するようなスタンスの記事も交じっていたことがわかる。だが、外野が何を騒ごうと気にすることなく、温泉掘削は粛々と進められた。

翌一九八六（昭和六一）年二月二〇日、予定深度八〇〇mの掘削工事が完了す

る。引き続き揚湯試験が行なわれ、その全貌が明らかになった。

（1）温度　三五℃
（2）湧出量　二〇〇ℓ／分（一日の揚湯量・二八八㎥）
（3）泉質　食塩泉（現・ナトリウム - 塩化物泉）

同年三月二六日にジャスマックとマグマの連名で発表された「すゝきの温泉」の説明資料は、マスコミを通じてたちまち全国津々浦々に広まった。
それまで冷笑的だった新聞や雑誌までが、手のひらを返したようにこの快挙をたたえ、こぞって報道した。

すすきのに温泉わく　総合レジャービル建設へ
（『毎日新聞 北海道版』一九八六年三月二七日号）

札幌のド真ン中ススキノに温泉出たァ〜　降ってわいた？　朗報　沈滞ムードにカンフル

（『日刊スポーツ 北海道版』一九八六年三月二七日号）

「ジャスマック」が計画　温泉活用でススキノ広がる青写真

（『北海道新聞』一九八六年三月二七日号）

皮算用を胸に「ススキノ温泉」公開

（『朝日新聞 北海道版』一九八六年三月二七日号）

ススキノで初の温泉湧出　百億円で温泉複合ホテル

（『財界さっぽろ』一九八六年三月号）

ススキノ温泉が現実に　ジャスマックが当てた

（『ＲＯＮＤＡＮ』一九八六年三月号）

ススキノに温泉掘り当てたジャスマックの〝お湯〟商売勘定

（『ＷＡＮＴＳ　北のフォーカス』一九八六年三月号）

なお、同年暮れの『道新スポーツ』（一九八六年一二月二四日号）の連載コラム「すすきのNOW」では、「'86これが話題大賞だ　ネオン街の温泉騒動　快挙！ジャスマック」という見出しで、同年の「すすきの大賞」グランプリとしてこのニュースを選出している。もちろん、他愛《たわい》のないお遊び企画ではあるのだが、記憶に新しい最近の話題の中から選ばれることの多いこの種の年間グランプリで、九カ月も前のニュースが選ばれたということは、それだけ道民にとってインパクトのある話題だったということだろう。

「ジャスマックプラザ」の建設計画と設計変更

ところで——河野順一の言葉を信じて温泉掘削への出資を決断した葛和満博であったが、実はこの時、内心ではしたたかな計算が働いていたという。確かに「温泉が出る可能性は高い……」と判断していたのは間違いないのだが、もし、新設するホテルの核となるだけの温度や揚湯量、泉質が得られなかったとしても、それはそれで無駄にはなるまいと考えていたというのである。河野を信じる気持ちには無論、嘘はなかったが、それだけで六千万円もの出資を即断即決するほど葛和はロマンチストではなかった。葛和は言う。

「札幌では冬になると雪が積もり、道路は凍結してしまいます。ジャスマックでは当時六棟の商業ビルを経営していましたが、冬になると電気の熱でビルの前の道路の雪を溶かしていて、その費用が一冬に数百万円からかかっていました。ホテルを建てるとなれば、その十数倍もの費用がかかるという試算が出ており、頭を痛めていたところでした。

ですから、仮に温泉としてそのまま使えるほどの湯が出なくても、温水をロードヒーティングに転用できれば、予想される電気代を節約することができ、十分なリターンが得られると考えたのです」

経営者として、徹底したリアリストである葛和の人柄が伝わってくる言葉である。

結果的に、湧出した温泉は浴用（適温である四三℃を下回っていたため、若干加温することにはなったが）だけでなく、熱利用として給湯用水の予熱の他、余力で暖房用・暖房熱源・ロードヒーティングなどにも利用することで、年間二〇〇〜三五〇kℓに相当する石油消費量の節約に繋がるという試算が出た。十分以上の満足できる結果といえるだろう。

この温泉施設を核として、ジャスマックは新たなホテル建設に着手することになった。


同年三月二六日、晴れて温泉の完工式が執り行なわれた。ここまで、当時のマスコミ報道の表記に従い「薄野温泉」、「すゝきの温泉」等と表記してきたが、この時点で正式名称は「鴨々川温泉」とされ、後に「すすきの天然温泉」と改められた。

温泉完工に伴い、ホテル建設も着工する。ホテル名は計画段階の仮称であるウィズ シティから「ジャスマックプラザ」へと変更された。

ここで注目したいのが「ホテル」という呼称を使用せず、「プラザ」と命名したことだ。これは竣工から九年後の一九九七（平成九）年に、お客の利便性と施設の性格を強調する目的で「ジャスマックプラザホテル」と改称されることになるのだが――当初は「ホテル」としてではなく、あくまで「ホテル（宿泊施設）を内包した大型商業施設」として建設された、という建物の来歴を示している。

「ジャスマックプラザ」の設計を担当したのは、前章で紹介した弾設計の金子満である。金子はこの時点で葛和とは数年来の付き合いであり、既述の「ジャスマック

「青森橋本館」を皮切りに何棟もの飲食ビルを設計してきている。それだけに、葛和の性格や建築物に対する思想についてはは理解していたつもりであった。

もちろん、飲食ビルとホテルでは勝手が違う。経験豊かな建築家である金子にとっては言うまでもないことであったが、ジャスマックはこの時期、福岡の「ホテル　ウィズ」くらいしかホテルの建設に携わったことはないはずだ。春吉地区とすすきのでは、周辺の土地柄は似たようなものかもしれないが、ラブホテルと温泉ホテルではそもそも来客の利用目的が違う。果たして、葛和はどこまで理解しているのだろうか……？

仮に、金子がそんな不安を抱いたとしても、その認識はすぐに改められたはずである。葛和はまず、施設計画を図面化してのけた。無論、本職の建築家がそのまま使えるというものではないが、精緻に組み立てられたレイアウトプランと動線設計には、葛和の考えるホテルのコンセプトが言葉よりもはるかに明瞭に言語化されていた。

「時間さえあれば一日中でも、図面とにらめっこをしながら考え込んでいました」

当時の葛和を知る何人かの人間たちは、口を揃えてそう証言する。その並外れた集中力と、空間把握能力の高さは、本職である金子もしばしば圧倒されたという。

後年、この「ジャスマックプラザ」について取材した児玉隆一氏の取材に対して、金子は次のように当時を振り返っている。

「空間の把握力には脱帽するしかない。ホテルのような大きな空間はパズルみたいなものですが、隅から隅まで頭に入っている。才能といえば才能だけど、建築物がめちゃくちゃ好きなんでしょうね。それに集中力です。一つのプロジェクトが始まると、二十四時間考え続ける。一年でも二年でも考え続ける人です。そして何か思いつくと夜中でも電話がかかってきて、あれはこうしようと思うがどうかという話になる。しばしば激論におよんだものです」

（『お客様の心をつかむ「日本型ホテル」の衝撃』児玉隆一著・経済界刊）

葛和のこの建築物に対する徹底的なこだわりは、設計段階だけにとどまらず、着工後も延々と繰り返されたという。

前節で取り上げた、ボーリング工事の時点でのメディア報道の段階では、当初の施設計画の一つとして「温水プール」が挙げられていた。着工の時点でも、屋上にプール設備を設置することが予定されていたのだが、これは最終的にオミットされている。というのは——そもそも土地取得の段階では「温泉が出る」ということは想定していなかったため、当初は「スパリゾート」としてコンセプトが立案され、その後、温泉が出たことで「温泉スパ」へと変更された。そして、基礎工事から軀体工事へと現場の作業が進行していく過程で、葛和の中で次第に「これでいいのか?」という迷いが生じてきた。

直接的なきっかけとなったのは、建物の一階から二階にかけて設けた広大な吹き抜け空間「セントラルスクエア・コミュニティコート」の上部に架けられる予定であった、鉄骨製のブリッジである。葛和にはこれがどうも、しっくりこなかったのだ。設計図の通りに架けてよいものか? そもそも、必要なのかどうか?

迷った末に、葛和は知り合いのつてをたどって、彼が当時注目していたあるデザイナーにコンタクトを取ることにした。外部の専門家の意見を聞くことで、現状の計画に対する迷いを晴らそうと考えたのだ。

白羽の矢が立てられたのは、当時、東京の青山に事務所を構えていた商業施設の内装デザインの会社に勤めていた永島博文氏（現・株式会社テトラ代表取締役）であった。永島は現場をひと目見て、即座に断言した。

「ブリッジはやめておきましょう。せっかくの空間に、もったいないですよ」

ジャスマック プラザ

永島の目には、コミュニティコート上部のブリッジは不要のものとしか映らなかったのである。葛和は、我が意を得たりとばかりにうなずき、さらに永島に言った。

「場合によっては計画全体を大幅に見直す必要があるかもしれない。図面を見て、思うところがあったら遠慮なく言ってほしい」

手渡された図面を細部まで精査し、工事中の現地の状況をつぶさにチェックした後、永島はいくつかの修正案を葛和に伝え、その案に沿って設計図を書き直した。

「スパはやめましょう。ホテルはいいとして、夜のすすきのの横にスパなんかつくっても、将来きっとお荷物になりますよ。それより――」

永島の提案により、温泉スパとして建築中だった「ジャスマックプラザ」は、躯体工事の途中から大きく軌道修正することになった。屋上のプールがオミットされたのもこの段階である。この時、永島の頭の中にイメージモデルとしてあったのは「健康センター」であった。名古屋発祥といわれる健康センターは、この頃全国的に流行の兆しを見せており、同じ一九八六（昭和六一）年には千葉県柏市に「柏健康センター」（現・天然温泉みのりの湯 柏健康センター）が開業し、話題を集めていた。永島は葛和に言った。

「札幌にはすすきのという大きな歓楽街があり、近郊には有名なリゾートホテルもたくさんあります。これらに負けないものをつくらなければ。ただの温泉ホテルでは意味がありません。お客様に最高級のおもてなしと、くつろぎを提供できるホテルを――」

葛和は大きくうなずき、新たな基本方針は定まった。「おもてなし」が流行語大賞を受賞するのは二〇一三（平成二五）年のことだが、それより四半世紀以上も早く、葛和はこれをコンセプトとするホテルの創造を決定したのである。無論、ここから「ジャスマックプラザ」の完成に至るまでには幾多の紆余《うよ》曲折があり、時には侃々諤々《かんかんがくがく》の論戦が展開されることもあったが、すべては「より良いものをつくりたい」という葛和の執念の産物であった。

例えば、浴衣に草履履きでゆったりと周遊できる館内を――。

あるいは、短い札幌の夏を満喫できるオープンテラスを――。

そして、大浴場をはじめとする天然温泉を堪能できる温浴施設を――。

さらには、ホテルは西洋式宿泊施設という既成概念を鮮やかに塗り替える〝和〟の心が隅々まで行き渡った内装の数々を――。

一九八八（昭和六三）年一〇月一三日――「ジャスマックプラザ」は開業を迎えたのである。

ナイジェル・コーツと「ノアの箱舟」

札幌市の中心を流れる創成川は、「ジャスマックプラザ」のある南七条辺りまでの上流部分約二・五㎞は「鴨々川」と呼ばれている。ジャスマックではホテル建設と並行して、この鴨々川一帯のリバーサイド再開発を進めていた。

中央区南七条西三で「ジャスマックプラザ」が建設中だった頃――そこから徒歩三、四分の距離にある鴨々川河畔の南八条西四では、ほとんど同時進行で一棟の建物が築かれていた。

設計者は、イギリスの建築家ナイジェル・コーツ氏。

「ノアの箱舟」――『旧約聖書』にちなんでそう命名されたその建物は、葛和満博が飲食店舗としては初めて採用したデザイナーズレストランであった。

葛和満博とナイジェル・コーツを結び付けた人物は、株式会社シー・アイ・エー（Creative Intelligence Associates）のＣＥＯ／ファウンダーを務めるシー・ユー・チェン氏である。

チェンは葛和より一六歳年少で、一九四七年に中国・北京で生まれ、五歳の時に家族とともに東京へ移住した。成人後、アメリカへ渡って一九八〇年にロサンゼルスでレストラン「チャイナクラブ」を開業。同店にはアンディ・ウォーホルやキース・へリングなど当代のアメリカを代表する芸術家たちが集い、人気を博したという。

その後、日本へ帰国して一九八四（昭和五九）年にシー・アイ・エーを設立。空間プロデューサーとして、インテリアデザイナーにナイジェル・コーツを起用した港区六本木のレストラン「メトロポール」などを手掛ける。

このメトロポールを見た葛和がチェンの元を訪ね、「あの店を手掛けたデザイナーをぜひ、紹介してほしい」と頼み込んだのである。

一九四九年生まれのナイジェル・コーツは、チェンより二歳、葛和から見れば一八歳の年少で、その頃まだ三〇代の若さであったが、イギリスでもっとも歴史ある評価の高い建築学校であるロンドンのアーキテクチュラル・アソシエーションの教授を務めていた。

当時のコーツは「作品をつくらない建築家」と言われていた。母国イギリスでも、日本でも、コーツの代表的な作品はもっぱらインテリアデザイナーとしての仕事であり、その才能は高く評価されていたものの、彼自身は内心、納得しきれない

ナイジェル・コーツ

ものを感じていたようである。チェンの口から「彼（コーツ）はまだ、日本で建物の設計をやったことがない」と聞かされた葛和は、「だったら、自分がやらせてみたい」と考えた。そこで、ちょうど進行中であった「鴨々川リバーサイド再開発プロジェクト」の一環として、南八条西四に建築される飲食店舗の設計を一から依頼することにしたのである。

この葛和の依頼と、そこに込められた思いやりが、コーツの胸に響いたであろうことは想像に難くない。後に「ナイジェル・コーツはノアの箱舟で足を出したのではないでしょうかね」と——冗談めかしてだが——葛和自身も語っているように、「驚くほど安いギャラ」であったにもかかわらず、コーツは一切の手を抜かず、細部まで徹底的にこだわり抜いた設計を行った。

そして、「ジャスマックプラザ」開業とタイミングを合わせ、一九八八（昭和六三）年一〇月一三日、「ノアの箱舟」も落成を迎える。地上二階建て、敷地面積三〇㎡、延べ床面積四九三㎡と決して大きくはないが、そのあまりに特徴的なフォルムは、ひと目見たら忘れられない鮮烈な印象を与える。外観は「アララト山の山頂に乗り上げて石化したノアの箱舟」というモチーフそのものであり、内装は「古代文明と現代が交差する」というコーツのイメージを体現したものとなっている。

再び、前章でも引用した『日経アーキテクチュア』一九九〇年一月二二日号掲載の葛和のインタビュー記事から抜粋してみよう。

——できあがった建物はまさにノアの箱舟というか、外形がそうなっていますね。ご覧になってどういうふうにお感じになりましたか。ちょっとやり過ぎじゃないか、というご印象を抱かれなかったですか。

葛和　私はやり過ぎとは思わなかったですね。例えば、アントニオ・ガウディはやり過ぎたと思いますか。私は実際に何度か見て、次第にやり過ぎという感じはしなくなりました。ノアの箱舟のいい点も同じです。1年ぐらい前にできたばかりの建物であるとは思えないですね。そこにずっと前から建っているような錯覚を起こす建物です。

（略）

私がやろうとしているのは、文明が消費文化的になって来ている中で、もっと寿命の長い本物をつくりたいということなんです。10年経ったら、ああ10年前によくあんな金額でできましたね。いまつくるとなれば3倍出してもできませんよ、という建物だってあっていいでしょう。そういうものをつくりたいのです。もちろん、お金の問題だけではありません。

（『日経アーキテクチュア』「作品をよく見れば力ある建築家に行き着く」）

なお、建築費用に関しては総工費八億円と、通常ビルの三倍近くかかったという。いみじくも葛和が言及しているように、バブル景気が絶頂を迎えつつあった当時だからこそ可能であった建物と言えるかもしれない。いや、当時でさえ、葛和は「こんな思い切ったことは、土地を安く取得していなかったら、とても不可能ですね」（『月刊ホテル旅館』一九八九年三月号）と語っているほどだ。

ノアの箱舟は開業当時、一階がカフェ、二階が中華レストランという業態であったが、その後業態変更を行い、「北の海鮮炙《あぶ》り　ノアの箱舟」として現在も営業中である。

ザハ・ハディドと「北倶楽部」

建築家ナイジェル・コーツ、空間プロデューサーのシー・ユー・チェンのコンビと葛和満博とは、その後、「小樽ホテル」のプロジェクトで再び一緒に仕事をすることになった。ここは、旧北海道拓殖銀行小樽支店の建物をホテルに改装したものだ。

旧北海道拓殖銀行小樽支店は一九二三(大正一二)年に竣工した鉄筋コンクリート造地上四階・地下一階建ての歴史的建造物である。設計は当時の大蔵省営繕局技師で、後に国会議事堂にも携わった矢橋賢吉と伝わるが定かではない。かつて、小樽市が北海道経済の中心地であった時代、「北のウォール街」と呼ばれた小樽市色内一丁目の交差点にあり、当時の道内を代表する大型ビルであった。

一階ホールは二階まで吹き抜け構造で、カウンターに沿って六本の古典的円柱が建てられている。コーツは歴史的建造物としての外観やホールをそのまま生かしつつ、客室のインテリアに世界の港町をテーマとして「ナポリ」「レニングラード」などと命名し、部屋ごとに個性的な内装を施した。さらに、銀行であった来歴を示す金庫室はバーとして改装した。

「小樽ホテル」の開業は、「ジャスマックプラザ」開業の一年後となる一九八九（平成元）年一〇月。開業当初から注目を集めていたが、開業から二年後の一九九一（平成三）年一〇月四日には小樽市指定歴史的建造物に指定されたことで、「歴史的建造物に泊まれるホテル」としてさらに話題となった。

ただし――ジャスマックはそれほど長くこのホテル経営に携わっていたわけではない。

一九九五（平成七）年までに同ホテルを売却し、「ペテルブルグ美術館」として生まれ変わる。さらにその後、二〇〇二（平成一四）年には「ホテル1-2-3小樽」、二〇〇六（平成一八）年には「ホテルヴィブラントオタル」と経営が替わるが、二〇一七（平成二九）年二月一五日に営業を終了。同年九月一日には株式会社ニトリホールディングスが経営する「小樽芸術村」内の「似鳥美術館」となり、今なお建物は現存している。

一方、「ジャスマックプラザ」「ノアの箱舟」に続く「鴨々川リバーサイド再開発プロジェクト」の一環として、鴨々川の対岸、「ノアの箱舟」のはす向かいに当たる中央区南九条西四に「北倶楽部」が落成したのは、一九九〇（平成二）年七月のことだ。

「北倶楽部」は、地上二階・地下一階建ての同型の建物が複数棟連結した「ラ・ガレリア」(イタリア語のgalleria＝屋根がある商店街に由来)と呼ばれる施設群の一区画として建てられ、イタリアンレストランとバーから構成される飲食施設である。

この「北倶楽部」の設計者として葛和満博から依頼されたのは、当時イギリスで活躍中だった女性建築家ザハ・ハディド氏(故人)である。葛和は言う(原文ママ)。

葛和　私はデザインとか建築が好きです。だからどこまでが趣味で、どこからが仕事か分からなくなっているような気がします(笑い)。そうすると、浮気じゃないけれども、できるだけ多くのデザイナーや建築家とのヒューマンネットワークを持ちたいわけです。
その方法は一つしかありません。沢山プロジェクトを持つということです。私はデザイナーにピンとくるものがあったら、理屈抜きでまず仕事を一緒にやろうと呼びかけます。単に一緒に酒を飲むとか食事をするのでは、私も相手も気持ちが盛り上がらないのです。プロジェクトがあって、それをああでもない、こうでもないと言っていると盛り上がってくるのです。

次のギャラリアではザハ・ハディドに依頼しました。デザイナーとしてはナイジェル・コーツとは全然対照的なキャラクターの人です。いずれにしても、プロジェクトがあれば大いに人間関係も深まってくるのです。ここでは、1、2階はハディドがやり、地下は松井雅美さんがやります。プロジェクトを沢山持つことが、彼らに対しての私の説得力になると思っています。（後略）

（『日経アーキテクチュア』「作品をよく見れば力ある建築家に行き着く」）

ザハ・ハディドは一九五〇年、イラクの首都バグダードで生まれた。一九七二年にイギリスへ渡り、ナイジェル・コーツが後に教授を務めることになるアーキテクチュラル・アソシエーションで建築を学んだ。コーツといえば、前節で彼のことを「建築をつくらない建築家」と言われていたと紹介したが、ハディドはこれに輪をかけて「アンビルド（unbuild／建たず）の女王」とまで呼ばれていた。

これはずっと後年の話になるが、二〇一二（平成二四）年一一月に行なわれた「新国立競技場」の国際コンペでも、一度はハディドの作品が選ばれたものの、そ

ザハ・ハディド

の後、スケールや予算などを理由に白紙撤回されてしまい、実現に至らなかった。この「幻の新国立競技場」を巡る一連の騒動は、まだ記憶に新しいだろう。

一九八〇年にザハ・ハディド・アーキテクツを立ち上げて独立した彼女は、一九八三年にはピーク・レジャー・クラブの建築設計競技（コンペ）で優勝して一躍注目を集めるようになった。だが、その反面、ハディドの設計する建物はデザイン性に優れているものの、あまりにも奇抜過ぎて、実際の工事では図面の通りに建てることが技術的に困難であるとも指摘されてきた。そのため、独立から一〇年近くの間に数々のコンペ受賞実績を重ねていながら、葛和が声をかけた時点で彼女の実作品は皆無であった。

その意味では、この「北倶楽部」がハディドにとって最初に形になった作品である――と、言えなくもないのだが……。

このように曖昧に表現せざるを得ないのは、最終的に出来上がった「北倶楽部」に対して、ハディドは「これは私の作品ではない」と言って自らのサインをしなかったからだ。というのも、ハディドのデザイン通りに施工するとなると、当時の建築技術では予算的にもほぼ不可能であったため、現場レベルの判断である程度妥協せざるを得ず、その結果、彼女が納得できる仕上がりにならなかったからである。

とはいえ、水をイメージした一階のメインダイニング、炎をイメージした二階のダイニングラウンジが好対照をなす全体の構成、随所に採り入れられた大胆な曲線のオブジェなどは、余人には真似のできないザハ・ハディドの非凡なセンスが如実に表れていた。

「北倶楽部」は一九九一（平成三）年一二月、社団法人日本商環境設計家協会（現・一般社団法人 日本商環境デザイン協会）より「商環境デザイン賞 佳作賞」を受賞している。残念ながらこの建物は現存しておらず、また、デザイナーのハディドも二〇一六年三月三一日に六五歳の若さでお亡くなりになったため、もはや「ザハ・ハディドの実作品第一号」として公式に認められる機会は永久に失われてしまったのである。

ただし――晩年に開催されたハディドの作品展には、この「北倶楽部」の写真も展示されていたという。最後の最後には、彼女も自らの作品であることを認めていたのかもしれない。

すすきのの回遊動線を変えた「湯香郷」の誕生

「ジャスマックプラザ（現・ジャスマックプラザホテル）」
「ノアの箱舟（現・北の海鮮炙り ノアの箱舟）」
「北倶楽部」（非現存）。

この三棟の施設群から形成される「鴨々川温泉」が完成する以前、「すすきの」と聞いて人びとが思い浮かべるイメージは、今よりもっと北寄りの狭い範囲であった。少なくとも、鴨々川周辺をすすきのエリアの範囲内に含める、という発想は一般的ではなかった。

例えば、「ジャスマックプラザ」開業以前に書かれた『読売新聞 北海道版』一九八八（昭和六三）年五月一六日夕刊の「鴨々川に『新・遊び空間』温泉ホテル中心に 民間企業が178億円計画」なる記事を見ると、「札幌・ススキノと中島公園との間に建設する新しいタイプの遊びのゾーン『鴨々川リバーサイド開発計画』の内容を」云々《うんぬん》、とある。

すなわち、鴨々川周辺は「ススキノ」エリアと「中島公園」エリアの間に存在する、何もない空白地帯というふうに認識されていたわけだ。

それが今日では、「ジャスマックプラザホテル」は「すすきのの温泉ホテル」として周知され、「ノアの箱舟」についても「すすきのの隠れた観光名所」などとして紹介されることもある。

人びとの間で、この辺りはすでに「すすきのの一部」として認識しているのだろう。

もう一つ、前出の『読売新聞 北海道版』の記事では最後に「これら三施設とも、どちらかというと女性向けの遊び場で、これまでの男性中心のススキノのイメージを大きく変えることになりそうだ」と書かれている。これより約二週間後の『朝日新聞 北海道版』同年六月八日朝刊の記事でも「寂しかった(鴨々)川の周辺がにわかに活気づいている」と書かれ、さらにジャスマックからのコメントとして「男性中心のすすきのので、女性も楽しめる文化ゾーンにしたい。鴨々川の流れなどを生かし、ロマンチックな地域づくりを目指す」とある。


これらのメディア報道から読み取れることは、第一に、「ジャスマックプラザ」を中心とした鴨々川リバーサイド再開発プロジェクトによって、すすきののエリアは南側へ広がり、中島公園エリアと接するようになるということ。

第二に、すすきのエリアを訪れる女性客が増えることで、将来的に、街の雰囲気や店構えにも変化が期待できるということである。

つまり――これまでは夜、すすきの駅や豊水すすきの駅などの最寄り駅から周辺の歓楽街へ飲みに行くだけだった人の流れが、これからは、中島公園やその他のルートをたどって様々な目的を持った人が、老若男女を問わず、時間帯を問わず流れ込んでくることになる。

これによって、すすきのエリアを訪れる人の回遊動線が変わり、それを受け入れる側である街の雰囲気も大きく変わっていかざるを得ない。

葛和満博の深謀遠慮がそこにある。

「ジャスマックプラザ」開業から約一カ月後となる『週刊ホテルレストラン』一九八八年一一月一八日号に掲載されたインタビュー記事「女性に似合う〝感性のゾーン〟を札幌に」の中で、葛和は次のように語っている。

葛和　「ジャスマックプラザ」という名称の中には〝ホテル〟という文字はありません。といいますのも、私共はこの施設を飲食店ビルにホテル機能が付いているという考え方をしているからなんですね。一般にいわれる〝ホテル戦争〟と

葛和のアーバンリゾートへの思い込めて綴られた『不動産事業化戦略の実際――アーバンリゾートの創出』（ダイヤモンド社・1992年）

は無縁だと思います。

(略)

札幌という都市は非常に街の性質がわかりやすい都市なんですね。札幌駅前から大通公園まではオフィス・官庁街、大通公園からヨークマツザカヤ(注 経営会社や店舗名が変わりつつ存続していたが、二〇二〇年五月一七日閉店)の周辺までは商業ゾーンとして物販関係、そしてすすきのネオン街と明確に区分されているわけです。

しかしこれだけでは街として物足りない。つまり男性中心のゾーン(すすきの)があるのなら、女性中心のゾーンがあってもいい。いいかえれば〝感性のゾーン〟というのを「ジャスマックプラザ」のある、すすきののはずれから中島公園に向けて作れればと考えたわけです。

(略)

札幌は非常に流行に鋭く、そして早い。パイロットショップの数も多く、特に女性の流行に対する反応は敏感なんですね。

ですから今回のプロジェクトでも、女性が安心して来られる空間づくりを重視しました。単に空間の広さだけでなく店名、雰囲気など女性志向は打ち出していると思いますね。

「ジャスマックプラザホテル」の二階から四階は「鴨々川温泉 湯香郷（現・すすきの天然温泉 湯香郷）」と命名されており、ホテルの宿泊客だけでなく、一般客にも開放されている。湯上がりには、休憩所や宴会場、カラオケ施設なども充実しており、レジャー施設として足を運ぶ常連客も多いという。

まさに、三〇年以上前に葛和満博が期待していた通りの展開である。

――札幌におけるジャスマックの事業展開としては、その後、二〇〇三（平成一五）年五月二六日に「ジャスマックプラザホテル」の新館である八階建ての「ジャスマックプラザANNEX」が落成する。

二〇〇八（平成二〇）年五月には、新たな事業であるレンタルスペース「J・R

OOM」の商標登録（第五二一〇二一三号）を取得し、その後、既存の「ジャスマック札幌3番館」をリニューアルして二〇一〇（平成二二）年一〇月に「J・ROOM No.3」を、同じく「ジャスマック札幌5番館」をリニューアルして二〇一一（平成二三）年三月に「J・ROOM No.5」をオープンする。

二〇一五（平成二七）年四月には、「ジャスマックプラザホテル」の運営を一〇〇%子会社であるジャスマックプラザ株式会社に委託する。

そして、二〇一六（平成二八）年一〇月には、既存の「ジョイフル札幌」を業態転換した上で「ジョイフル酒肴小路」と改名し、営業を開始している。

ここに挙げたわずかな事例からも見えてくるように、葛和とジャスマックには「仕方がない」という諦めはもちろん、「これでいい」という現状維持を肯定する発想もない。

既存施設の売上が落ちたり、設備の老朽化や、あるいは世の中の変化などによって何らかの問題が生じたら、直ちに問題解決に取り組み、必要とあれば過去の成功事例であろうともあっさり捨てて、新たなやり方を模索する。だからこそ、新たな事業への進出にも、新業態への転換にも、積極的に挑戦していけるのだろう。

JASMAC
JOYFUL
資金・経験が無くても
飲食店経営は出来る
しろくま

それは、葛和の一貫した姿勢でもあり、生来のイノベーターである証拠でもある。二〇二〇年一一月、葛和はジャスマックプラザホテルの一大リニューアル構想の実現を画策している。パートナーとなるのは、東京の大手商社である。

リニューアルといっても、葛和の考えるリニューアルはホテル単体のリニューアルではない、あくまでもすすきのエリアの新たな開発に向かって貢献したいという思いからスタートしており、そのために、大手商社をパートナーを選んだという。本書の執筆段階では残念ながら具体的な記述はできないが、葛和の考えているすすきのの再開発プランが公けになる日が楽しみである。

次章では、舞台は再び日本の北の端から南の端へと移り、葛和満博の日本における出発点となった土地でのジャスマックの動向について述べていく。

【証言】「つくったことがない？　だったら、つくろう。私が支援する」

初めてお会いしたのはバブルの不動産ブームの頃でしたから、葛和満博さんは当時まだ五〇代でした。この間、偶然、道端でお目にかかってご挨拶しましたが、本当にお変わりなくお元気で、好奇心いっぱいで……。常に何か課題を持っていながら、何かを研究し、突き詰めていくという姿勢は、昔も今も変わらない方なんだとつくづく思いました。

その頃は私もまだ四〇歳そこそこでしたが、東京で海外の建築家と組んだプロジェクトをいくつも手がけていた時期で、葛和さんはそれで我われに興味をお持ちになったんだと思います。コンタクトを取ってきたのは葛和さんのほうからでしたが、実際にお会いして、会話しているうちに、気がついたら一緒にプロジェクトをやることになっていた――という感じでした。よほど葛和さんと私のリレーションシップが良かったのだろうと思います。

葛和さんが特に興味を示されたのは、ナイジェル・コーツでした。コーツという建築家のことを私に教えてくれたのは、『ＴＯＫＹＯ　ＳＴＹＬＥ』の著者である写真家で編集者の都築響一氏でした。

ロンドンでナイジェル・コーツという風変わりな建築家を取材し、「まだペーパー・アーキテクトだけど、彼のアパートがカッコイイから、シーユーさんが気に入ると思う」。

その話を聞いて、私はさっそくイギリスへ渡り、コーツと会うことにしたのです。コーツは当時アーキテクチュラル・アソシエーション（ＡＡ）の教授で、後にイギリスの王立美術院（Royal College of Art）の教授となるわけですが、初めて会った時の彼は、才能だけはあるものの、建築家としては一棟の建築物も建てていない、何のプロジェクトにも携わったことがない、という一介の若者でした。

私はコーツを日本へ連れて来て、建築の仕事をさせてみようと思ったわけですが、いくらバブルの頃とはいえ、何の実績もない若者に、いきなり何億円という資金をポンと出してくれる出資者はそうそういません。そこで、キャンティのオーナーの川添光郎さんに私がＬＡで経営したCHINA CLUBのシェフ、ヘッド・ウェイター、バーテンダーのチームを東京に連れてきてレストランをコーツに設計させてはと提案をしました。六本木のレストラン「メトロポール」は一九三〇年代の上海と近未来のロンドンが交差したレストランとして大ヒットして、コーツはたちまち人気建築家となり特に若者から圧倒的な支持を集めました。

私が葛和さんにコーツを引き合わせた頃、コーツはすでに日本国内で三〇件前後のプロジェクトを私と手掛けていましたが、すべてインテリアだけの仕事でした。葛和さんはそれを聞くと、次のようにおっしゃいました。

「建築家なのに建築物をつくったことがない？　だったら私が全部支援するから、ナイジェル・コーツの最初の建築物をつくろう」

葛和さんにはそういう情熱的なところがありますから、若者が一生懸命何かをしていると、賛同して、支援してくれるんですよね。その時も「思いっきり、好きなものをつくってください」という感じで、全部お任せで「ノアの箱舟」をつくらせてくれたんです。

当時のコーツは、「エトルリア文明」という古代文明の遺跡にインスピレーションを得て、僕が近未来に向かって行く「ノアの箱舟」と言うテーマを提案して、コーツは、非常におもしろい建築物をつくりました。葛和さんもたいへん喜んでくれて、ここをレストランにして、ゆくゆくは観光名所にしたいということをおっしゃっていました。これが、私が葛和さんと一緒に仕事をさせていただいた最初の案件になります。

これをきっかけに葛和さんとのおつきあいが始まり、この翌年には福岡の「ホテ

ル イル パラッツォ」の地下空間に「バルナ・クロッシング」という巨大ディスコを開発することになりました。この時は、私が空間プロデューサーとして参加したほか、オリンピック直前でバルセロナの人気アーティストのマリア・スカル、建築家のアルフレード・アリーバスといったメンバーで、ディスコの音響と照明に関しては、東京からきた最新技術を持つエンジニアが担当しました。

続いて、同じ年の秋には、「小樽ホテル」のプロジェクトがありました。この時は、葛和さんから「相談がある」と言って小樽へ呼び出され、行ってみたら旧北海道拓殖銀行 小樽支店のビルがあって、「これ、どうしたらいいと思う?」と意見を聞かれたので、私は「ホテルにしたらいいんじゃないですか」と答えました。すると、葛和さんがこう言いました。

「じゃあ、以前『ノアの箱舟』をつくってくれたナイジェル・コーツにお願いしたら、どんな感じになるのかな?」

この葛和さんの言葉で、プロジェクトの方向性が定まりました。コーツは「小樽には漁港としての長い歴史がある。世界中にある漁港をテーマに、部屋ごとに個性的な都市をイメージしたインテリア」ということが決まります。さらに、AAでの彼の教え子たちも連れてきて、一緒に作業を進めていきました。開業後の小樽ホテ

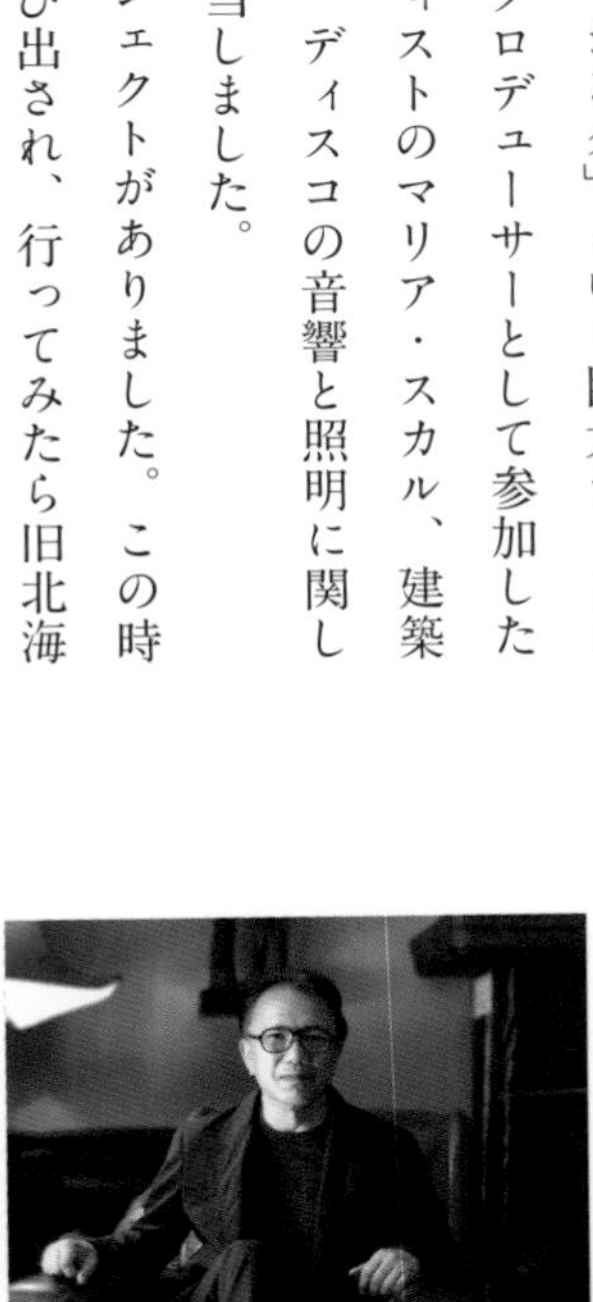
シー・ユー・チェン氏

ルは東京や海外から来た観光客にかなり人気のあるホテルとなりました。
イギリスで経済が低迷している一方、日本はバブル絶頂期でしたから、その日本でこれだけの実績を上げたコーツは、ロンドンの建築業界でも注目されるようになり、帰国後はヨーロッパ中で建築の仕事ができるようになりました。言ってみれば、葛和さんのスポンサーシップによってナイジェル・コーツは一人前の男、一人前の建築家になったと言っても過言ではないでしょう。

二〇二〇年七月一四日

株式会社シー・アイ・エー　CEO　シー・ユー・チェン氏

第四章　長崎の思案橋にランドマークが建つ

日本での第一歩を記した長崎の地に

序章に記した通り、葛和満博が生まれて初めて日本の土を踏んだのは、現在の長崎県佐世保市針尾北町の浦頭港であった。

また、短期間のことにせよ、葛和が初めて日本で暮らした〝家〟は、佐世保の引揚者寮であった。

決して明るく楽しい思い出というわけではなかったはずだが、このときの経験を通じて、葛和は佐世保、ひいては長崎という土地に対して特別な思い入れを抱くようになったという。それは、「どこにも行くところがなかったら、そのまま佐世保に住み着いたかもしれません」、「長崎は私にとって特別な場所」といった葛和自身の言葉が証明している。

しかし、葛和がジャスマックの主幹事業を東京圏から地方都市圏へ展開し始めた一九七八（昭和五三）年九月、九州支社が置かれたのはまず福岡県であり、次いで一九八三（昭和五八）年六月には熊本営業所が開設された。北九州では福岡、南九州では熊本に拠点があれば、九州地方の店舗管理はだいたい網羅できるだろう。そ

弓張岳から佐世保港を望む

して、一九八五（昭和六〇）年七月には、福岡の九州支社を自社ビルに建て替えてもいる（現在は博多バッカス館へ移転）。

にもかかわらず――九州支社ビルの落成から三カ月後の同年一〇月、葛和は九州地方の三拠点目として長崎市浜町に長崎営業所を開設した。

浜町――地元の人びとは「はまのまち」「はまんまち」などと発音する。その名の通り、かつてこの辺りは長崎湾の浜であったが、江戸時代に埋め立てられ、今では海岸線から一km余り離れていて、海はどこにも見えない。

長崎電気軌道「浜町アーケード電停」（「西浜町電停」の浜町側乗り場のみ、二〇一八年八月一日よりこう改称した）から南東に延びた国道三二四号沿いに、「浜の町アーケード」通称「浜んまち商店街」が広がっている。

ここは長崎市内でも一、二を争う繁華街である。最近は全国的に寂れたシャッター街と化していることも多いこの種の駅前商店街としては、ここは珍しく活気のあるほうだと言っていいだろう。

江戸時代には、浜町の西側には出島のオランダ商館があり、東側には丸山遊郭があった。長崎の丸山遊郭は、江戸の吉原・京都の島原と並ぶ「日本三大遊郭」の一

現在の浦頭

つに数えられ（丸山の代わりに大坂の新町を入れる場合もある）、大いに栄えたものだった。

丸山遊郭に至る手前には、かつて川が流れており、「思案橋」という橋が架けられていた。遊郭へ繰り出そうとやって来た客たちが、橋のたもとでふと冷静になり、行こうか、戻ろうかと思案した――というのが由来である。橋を渡ると、丸山遊郭の大門の手前にも小さい橋があり、「思切橋」と呼ばれていた。現在では、川の水は涸《か》れて暗渠《あんきょ》となり、橋自体も現存していないが、「思案橋」という名前はこの辺り一帯の地名として残り、多くの飲食店が軒を連ねる歓楽街となっている。

この歓楽街の入り口、かつて思案橋のあったたもと付近に、ジャスマックが地上九階・地下一階建ての飲食ビルを建てたのは、長崎営業所の開設からちょうど一年後となる一九八六（昭和六一）年一〇月のことであった。

新たなランドマークとなった「WITH長崎」の落成

正式名称「思案橋 WITH長崎」――。

「ウィズビル」「ウィズ長崎館」「ウィズ長崎ビル」などの通称で親しまれているこのビルは、「安心して飲んで食べて楽しめる……〝時遊空間〟」をキャッチコピーとし、開業から三〇年以上にわたって多くの客層から支持されている。

最寄り駅は、長崎電気軌道本線の思案橋電停から徒歩一分。もちろん、浜町アーケード電停から歩いてもいい。

ウィズビルの建築当初、地元の「浜んまち商店街」からの反応は決して芳しいものばかりではなかったという。

すでに福岡や札幌、青森、秋田、熊本などで多くの成功事例があるとはいえ、長崎ではこれが初めての試みである。地元の飲食店は顧客を奪われることを恐れ、商店街の他業種は、ウィズビル目当てに訪れる酔客による治安の悪化を心配していた。

結論から言えば、彼らの心配はことごとく杞憂《きゆう》に終わった。

ジャスマックには、地元の商店街と競合するつもりは毛頭なかったし、他の土地での飲食ビル展開と同様に、出入りする客層の峻別とその徹底にかけては定評があった。何より、ウィズビルが建ったことで、外部から浜町への来訪客が増えたのだが、この人びとは、商店街でもお金を落としてくれる貴重な存在でもあった。

文字通りの共存共栄――それが、ジャスマックがこの長崎に進出してきたそもそもの目的であった。

地元の商店主の中には、夜になるとウィズビルへやって来て、飲食店のお客として飲み食いしていく人もいるはずだ。

また、ウィズビルに入居している飲食店の経営者が、昼間や休日に商店街で買い物をしていくことだっていくらでもあるに違いない。

決して広くはない浜町周辺に軒を接して商売している以上、商店街とウィズビルは一種の運命共同体だといっていい。

このウィズビルでは、ジャスマックとしても新しい試みをいくつか採り入れている。

一つは、光ファイバー使用の大型広告灯の設置だ。高さ四・七m、横一〇m、幅六・八mの大きさで、太さ二㎜の光ファイバーケーブル五万本を使用し、合計一三四灯の光源を二台の装置で制御する仕組みであった。

思案橋
WITH長崎
WITH

光ファイバー自体は一九六〇年代に実用化された技術で、ウィズビル落成の前年の一九八五（昭和六〇）年二月には、北海道旭川・九州鹿児島間を繋ぐ日本縦貫光ファイバーケーブル網が整備された。光ファイバーの用途としては、この「通信線用」をはじめ、「内視鏡用」、「計測用」、「プラネタリウム用光源」などがあるが、このウィズビルのケースのような「装飾用光源」としての光ファイバー利用は比較的珍しいと言える。また、九階建てビルという高所で、これだけ大規模な光ファイバー使用の広告灯は全国でもこれが初めての事例であった。

なお、広告灯の形状は「宇宙からの流星が飛来、爆発する」というイメージであり、これによってウィズビルは昼間だけでなく、夜間も遠方からの視認性が高い思案橋のランドマークとなった。

もう一つは、「酒肴小路」というブランドおよび業態である。この時点ではまだ対外的に確立したとは言えず、試行錯誤の段階であったが……。

営業開始に先立ち、ウィズビルの地下一階には、「ＷＩＴＨ酒肴小路」と命名された企画店舗が用意された。これは、ジャスマックによる完成販売で、内装工事まで完了した九つの店舗が契約さえ済めばいつでも営業できる状態になっている――というものだ。

ジャスマックでは、二〇〇五（平成一七）年一一月に「ジャスマック酒肴小路・博多」を新設し、さらに、二〇一六（平成二八）年一〇月には既存の「ジョイフル札幌」を業態転換し「ジョイフル酒肴小路」に改名している。これらは実際に営業し、一定の成功を収めたものであるが、博多より二〇年近く早い一九八六（昭和六一）年に長崎のウィズビルで導入された「ＷＩＴＨ酒肴小路」は、言ってみればその遠い原型ということができるだろう。

「九つのお店が一堂に会した路地感覚の『ＷＩＴＨ酒肴小路』」「飲んで食べられる『酒と料理』が一体となった路地感覚の飲食ゾーン」「九つのお店が集まりお客同士が楽しい時間を共有できる、今もっとも人気のある形態で構成されている」、「新感覚スタイルをいち早く取り入れたゾーン」云々……と、当時の資料上ではいまひとつ具体性を欠いた説明となっているが、少なくとも、後に博多や札幌で実際に営業を開始した「酒肴小路」と比べると、ややイメージが違うように思われる。理由はおそらく、〝これまでになかった新しい業態の飲食店〟と謳われる「酒肴小路」のコンセプトを手探りで模索していた、ということではないだろうか。

二〇二〇（令和二）年現在、長崎のウィズビルに「酒肴小路」という文字はすでにない。

浜町アーケードとの共存共栄をめざす

思案橋のランドマークとして、周辺住民から長年親しまれてきたウィズビルも、いつしか竣工から三〇年余りが過ぎていた。

一般に、RC造（鉄筋コンクリート造）ビルの寿命は四七年と言われている。ただし、飲食店用途の場合、「延べ面積のうちに占める木造内装部分の面積が三割を超えるもの」は三四年、「その他のもの」は四一年となっている。

もちろん、これはあくまで税制上の目安である法定耐用年数の話だから、実際にこれだけの年数を経過したらビルが倒壊するとか、資産価値がゼロになってしまうというわけではない。とはいえ、現実問題として、築三〇年以上経過した商業ビルは建物自体も老朽化し、設備機器も陳腐化してくる。つまり、外来者にアピールするだけの魅力に欠け、その分集客力が落ちてくるのは避けられない事実である。

そこで、葛和満博は、約八億円を投資してウィズビルの大規模リニューアル工事を実施することにした。

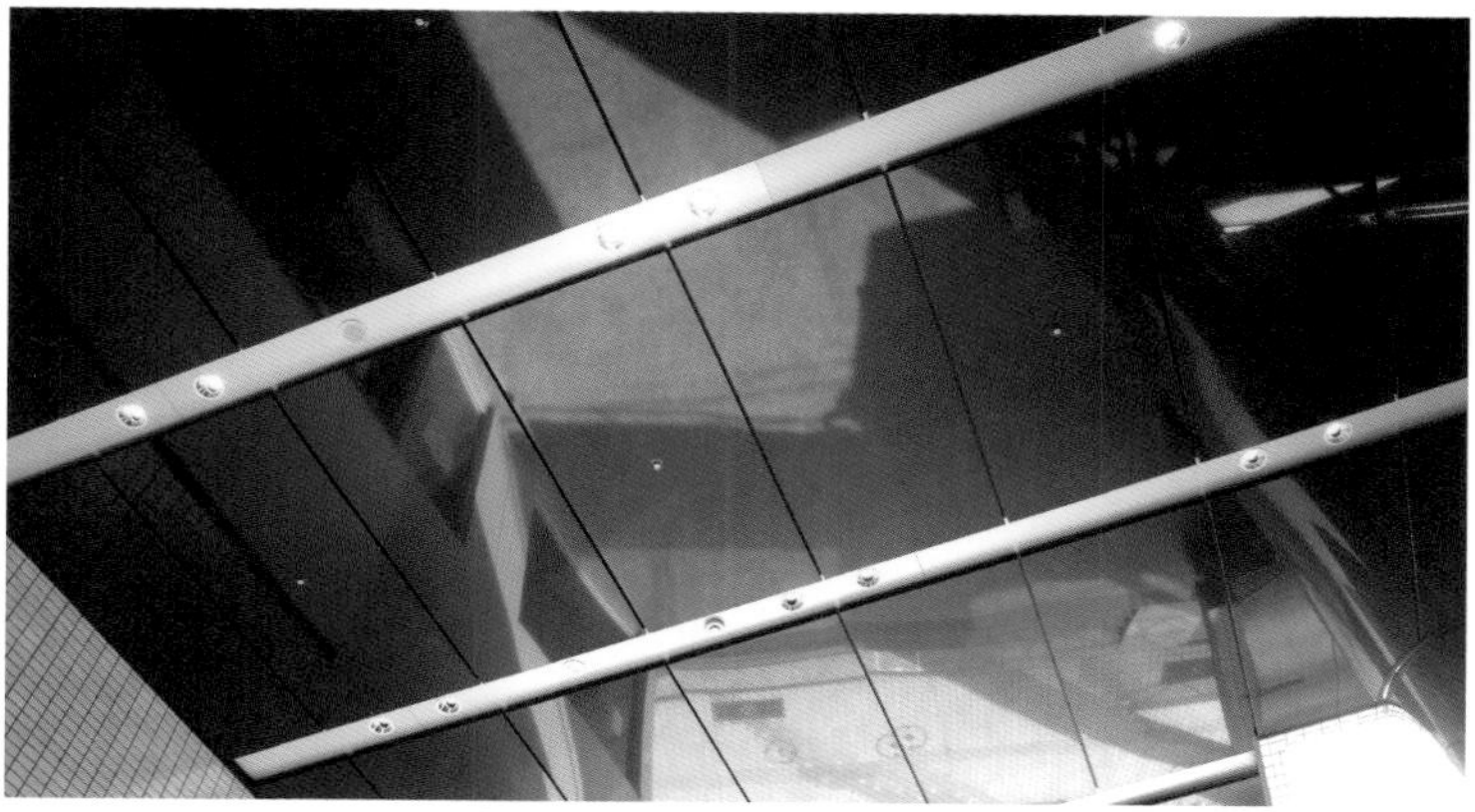

人と光が重なり交わり合う、特別な演出が施されていたパサージュ

飲食店だけに限った話ではないが、営業中のテナントを抱えたビルのリニューアル工事はただでさえ難しい。個々の店舗入れ替わりの際の内装工事などとはわけが違う。

例えば、不具合を一カ所だけピンポイントで修理すれば、荷重計算や強度計算などの全体のバランスが崩れ、かえって建物の寿命を縮めることにもなりかねない。

したがって、場合によっては、一度すべてのテナントに退去してもらい、リニューアル工事完了後に再入居してもらう、などの方法を取るビルオーナーも中にはいるようだ。その場合、工事期間中は休業するか、どこかに仮店舗を借りて営業を続けることになるが、そうそうコスト面で見合う仮店舗が見つかるとも限らないし、言うまでもなく、休業期間中に補償が下りるということもない。要するに自己責任だ。

ジャスマックの場合、よほどのことがない限りこの方法は採らないという。もっとも、これは一つには、入居しているテナントが基本的に「夜の店」のため、昼間の工事にはほとんど支障がない、という理由もある。

入居したまま、できれば店舗の営業もできるだけ休まずに済むようにリニューアル工事を実施するには、各店舗の経営者（「店舗銀行システム」におけるユーザー）

とジャスマックとの間で緊密な連携が取れていなければならない。また、相互の信頼関係を築いておくことも不可欠である。

その一方で、リニューアル工事を実施する施工業者との関係性も重要だ。この不況下で見積もりを取れば、常識外れに安い見積額を上げてくる業者も中にはいるだろう。だが、目先のわずかな損得に惑わされて金額の安い業者に発注した場合、満足のいく仕上がりにならないばかりか、結局は別の業者に頼んで工事をやり直すことになるケースも考えられる。

なお、ジャスマックがこのときのリニューアル工事を発注したのは、三〇余年前にウィズビルを新築で建てた業者であった。昭和の終わりから、平成の三〇年間を生き残ってきたウィズビルは、こうして生みの親の手で新しく生まれ変わることになったのである。

二〇一八（平成三〇）年一一月二四日――。

この日、ウィズビルのリニューアル完了記念式典が開催された。

地元・浜んまち商店街の関係者とともに壇上に立った葛和満博は、テープカットの儀に先立ち、次のように挨拶をした。

「この『WITH長崎』をさらに町に溶け込ませ、地域と一緒に発展させていきたいと考えております」

葛和の言葉に、列席者たちの盛大な拍手が湧いた。

それが単なる社交辞令ではなく、本心からの言葉であることが伝わったのだろう。これより少し前の時期、ジャスマックは、福岡の春吉地区を中心に展開中だった複数棟の飲食ビルやホテルを売却したことがあり、その噂が長崎の浜んまち商店街のメンバーの耳へも届いていたようであった。

彼らにとって、もし葛和が外部からやって来た投資家でしかなかったとすれば、ウィズビルもしょせん「いつかは手放される物件」と思われていたかもしれない。

だが、「浜の町アーケード」内に立地する商店の多くは、三〇年以上に渡る近所付き合いを通して、葛和とジャスマックの考え方やビジネスのスタンスを承知していた。そのため、「町に溶け込ませ」、「地域と一緒に発展させていく」という葛和の言葉に嘘はないと、無条件で信じさせるに足るものであった。

「浜の町アーケード」を訪れる観光客や買い物客が増えれば、その中からウィズビルへ流れるお客が増えるかもしれない。

逆に、新装なったウィズビルに入居している店が目当てでやって来たお客が、その行き帰りに商店街に立ち寄り、買い物をしていくかもしれない。

そんな、共存共栄の土壌がある。もともと、三〇余年前にこの場所にウィズビルを建築する際に、「ビル内に浜町商店街の自治会事務所をつくる」ということが建築を許可する条件の一つとなっていたという。その関係で、現在もビル内には自治会事務所が置かれている。

葛和はウィズビルのリニューアル工事を、「浜の町アーケード」の発展に向けての大きな第一歩と位置付けていた。

ジャスマックが描く思案橋周辺のアーバンデザイン

ウィズビルが建築された浜町の思案橋周辺は、地元の買い物客と観光客とでにぎわう長崎の中心地である。

長崎市の地形は、周囲を山で囲まれたすり鉢状になっていて、浜町はいわばすり鉢の底に位置している。この立地に地上九階建ての高さのビルがそびえているため、長崎市内なら四方八方どこからでもウィズビルを目視することが可能だ。

また、ビルの北側は長崎随一の商店街である「浜んまち商店街」（長崎浜んまち商店街振興組合連合会）に、ビルの南側は長崎一の「飲食店街の入り口」とそれぞれ接合している。このため、商店街と飲食店街を有機的に結ぶ動線として機能している。徒歩による人通りが多いだけでなく、市内交通の大動脈である長崎電気軌道本線の思案橋電停から徒歩一分の距離にあり、利便性に優れた一等地に立地している。

二〇一八（平成三〇）年の大規模リニューアルでは、一階エントランスなどの共用部分を中心に改装が加えられた。これにより、全体的に設備や意匠性の見直しが行われ、明るく高級感のある印象に生まれ変わった。さらに、快適性を追求して様々な設備を更新、もしくは追加している他、多くの最新機能を付加している。

ビルの外観では、エントランスと外部照明の総入れ替えを実施。外部のオレンジ色の照明は、ナトリウム灯に似せたLEDライトを特注したもので、片側は温かみを、反対側は上質な印象を与えるように考えられている。エントランスの照明は、狭角のライトでスポット照射することによりムーディーな空間を演出する。

また、エレベーターの全面入れ替えを行い、ガラス張りのシースルーエレベー

ター二基とその他のエレベーター三基の計五基を新設した。エレベーターケージの容積は最大限に確保しつつ、静音性を高め、揺れを少なくすることで快適な乗り心地を実現した。防犯対策としては、最新の監視システムを搭載しており、さらに防災対策として地震発生時に最寄りの階に自動停止し、遠隔復旧するシステムにより、閉じ込め事故の不安を大幅に軽減した。監視カメラについては、エレベーター内の他にも設置台数を大幅に増やし、ビル全体のセキュリティを強化している。

一階天井部分には、表面にアルミニウム、芯材に樹脂を使用した三層構造からなるアルミ樹脂複合板「アルポリック材」を九州地方で初めて採用。高級感のある半鏡面仕上げで、意匠性の高い品格のある空間とした。アルポリック材は防火性の高い国土交通省認定の不燃材料で、軽くて強いだけでなく、汚れにくく、いつまでも美しい外観を保つことができる。色は、スパークリングブラックの特注色を使用しており、光を反射してキラキラと輝き、高級感のある光沢を放っている。

他に、「浜の町アーケード」に面した北側のエントランスの通路も全面改装した。床タイルは御影石に似せたタイル、壁タイルにはＡＤＶＡＮ社のナチュラルロブソンを使用し、打ちっぱなしの加工を間で行うことで、シンプルで落ち着きのある明るい空間とした。

一方、店舗の集合看板である「一六面看板」については、視認性の高いすっきりとしたモノトーン配色に統一した。以前は情報量が必要以上に多くゴチャゴチャして調和が取れていなかったが、リニューアル後は「お客様をスムーズに店舗に誘導できるようになった」と好評だ。これに合わせて、袖看板や各フロア・エレベーター内にある店舗案内看板も変更しており、ビル全体で統一感を持たせている。

このように、機能の更新とともに外観についても細やかな配慮がなされ、周辺の街並みの中で存在感を発揮しつつ、当たり前の都市風景の一部としてあるがままにそこにある。それがリニューアル後のウィズビルの現在の姿なのである。

かつて、このウィズビルが竣工した時、現在の浜んまち商店街の前身に当たる当時の地元商店街（※浜んまち商店街の設立は二〇〇一年）の代表はこんな感想を漏らしたという。

「あのビル（ウィズビル）ができたことで、アーケードに繫がるパサージュ（小径）ができた。電車通りからアーケードに出られるというのはとても便利だ」

現在では珍しくもないが、その当時は、新しいビルの中をそのまま通り抜けできるということが新鮮な驚きであったというのだ。

たった一棟の飲食ビルが、従来の人の流れを変え、あるいは新しい人の流れをつ

くり、人と人との出会いを誘発する。そうすることで、「人が人を呼ぶ仕組み」が働き、交流の輪が広がる。それこそが、葛和満博が頭に思い描き、三〇年以上の歳月をかけて徐々に積み上げていった長崎市浜町・思案橋周辺のアーバンデザインなのである。

二〇二〇（令和二）年現在、葛和はウィズビルの最上階である九階の全面改装に着手している。すでに、前章でも名前を挙げた株式会社テトラの代表取締役・永島博文に声をかけ、リニューアルプランの提出と、現地の状況視察を依頼したという。

本書が書店に並ぶ頃には、新たなデザインによるウィズビル九階のリニューアル工事も終わり、すでに新しい店舗が営業を開始しているかもしれない。

【証言】「やるなら会ってくれ。やらないのなら断ってくれていい」

先日、ジャスマック会長の葛和満博氏（以下、葛和会長）とひさしぶりに顔を合わせたところ、すっかり好々爺と言いますか、穏やかな人柄になられていたので驚きました。私の中では、初めてお会いした頃の葛和会長——当時は社長でしたが——といえば、言い方はよくないですけど、〝超ワンマン〟だった頃の印象が強烈に残っています。

かれこれ三二、三年前になりますが、札幌の「ジャスマックプラザ」の時が出会いです。その頃、私は独立したばかりでしたが、以前の職場にいた頃からのご縁で、サントリーの業態開発部というところから新業態の飲食店舗の開発の仕事をいただいておりまして、北海道から九州まで全国を忙しく飛び回っていた時期でした。

何日かぶりで家に帰ってみると、留守電のメッセージが溜まっていました。相手は、サントリーのある役員のお嬢さんで、アメリカで飲食業界のコンサルティングの仕事をしていたこともあり、たまたま葛和会長とも以前から知り合いだったそうです。彼女は、葛和会長から「誰か、商業施設がわかっている人間を紹介してほしい」と頼まれ、私のことを推薦してくれたのですが、私のほうは全国を飛び回っていて、なかなか連絡がつきません。それで、葛和会長は焦れたのか、彼女を通じていきなりこんな〝最後通牒〟を突き付けてきました。

「やる気があるなら会ってくれ。やらないのなら、もう断ってくれていい。どっちにするか、早く返事をしてくれ――」

葛和会長もまだお若かったから、そんな調子で言われまして、「とにかく、一度お会いしましょう」ということで、お会いすることになりました。

そうしたら、今度はいきなり「札幌へ行ってくれ」と、こう言うんです。

「温泉も出た。今、こういう計画で、図面はこうなっている。それで、ここにブリッジをかけることについて、あなたの意見が聞きたい。そのためにも、一度現場を見てくれ」

初対面で、仕事をお受けするとも何とも言わないうちからこれですから。でも、そんな葛和会長の勢いに乗せられて、結局は札幌へも行きましたし、ちょうど躯体工事の段階にあったジャスマックプラザの現場も見せていただきました。

それで、「ブリッジはやめたほうがいい」とか、「スパはやめましょう」とか、いろいろと思ったことを率直に言わせていただきました。全部が全部ではありませんが、私の意見もいくらか採用していただくことになり、そんなわけで、途中からではありますが、本格的にジャスマックプラザのプロジェクトに参加することになりました（※第三章参照）。

このジャスマックプラザについては、「ただの温泉ホテルだったらつくる意味はない。札幌近郊で温泉といえば定山渓があるけど、あそこに負けないものをつくろう」ということで、いろいろ考えた末に、「日本の心、おもてなし」をテーマにしようと自分なりに結論づけて、お手本になりそうな〝最高のおもてなし〟をしていると評判の温泉旅館に泊まってみました。

石川県の和倉温泉 加賀屋旅館です。当時、周囲の誰に聞いても、「最高のおもてなしと言えば加賀屋」という答えが返ってきました。そこで、どれほどのものかと、予約を入れて、うち（テトラ）の所員と二人で泊まってきたのですが……その当時、二名分の宿泊費・飲食費・サービス料込みの支払いが一晩で二五万円（！）になりました。ただ、料金は高くつきましたが、それに見合うだけの満足度があったのも確かです。和倉温泉というのは、一般にイメージされる温泉街と違って、宿から外に出ても時間をつぶせるような施設が何もないんです。今はどうなっているかわかりませんが、少なくとも三三年前には。その代わり、加賀屋の中ですべてが完結する。芸者さんを呼んで騒ぐこともできますし、バーもあれば、スナックもあります。それで、子どもは一人もいない。そういう施設なんです。

「この加賀屋の手厚いもてなしを、札幌に持っていったらどうなるだろう?」

私はそう考えて葛和会長に提案し、葛和会長のほうでも既存のホテルサービスについては常々不満や疑問を感じていたらしく、話し合いながらホテル全体の構成を考えていきました。

例えば、地下に「花遊膳」という日本料理のお店をつくったり、鴨々川沿いには「ノアの箱舟」や「北倶楽部」をつくったり、温浴施設を充実させて、宿泊客だけでなく日帰り利用の温泉客を取り込んだり――。当時はバブルがはじける前で、「お金がないから……」という理由で「あきらめる」とか「妥協する」ということは考えませんでした。ジャスマックプラザホテルが三三年経っても陳腐化していないのは、葛和会長の先見の明だと思います。

この案件のあと、葛和会長には何かと目をかけていただきまして、長崎の「思案橋WITH長崎」の最上階に空きが出た時、「永島さん、ここに何かつくれないか?」とご相談を受けました。その少し前、私はたまたま日本水産の「DEDE」というフレンチレストランを手がけていて、そこの料理長とも懇意だったので、いろいろ相談してきました。その結果、長崎にＤＥＤＥを出店する、費用はジャスマックが負担し、運営する人間はＤＥＤＥから人を出すということで、トントン拍子に話がまとまり、店舗デザインは私が担当しました。

今度、そこがリニューアルすることになりまして、最初に申し上げた「葛和会長にひさしぶりにお目にかかった」というのは、実はその時の話だったのです。

二〇二〇年六月二九日

株式会社テトラ　代表取締役　永島博文氏

第五章

全国展開、さらに海外へと広がるジャスマックの理念

青森・秋田・東京・熊本など、次々に店舗ビルを落成

前章までに、ジャスマックが積極的に進出していった三つの地域、すなわち福岡・札幌・長崎でのエリア展開について述べてきた。だが、ジャスマックが運営する店舗銀行システムの展開先は当然、これだけにはとどまらない。

まず、本社所在地でもある東京においては、既述の通り一九八一（昭和五六）年四月には渋谷区の渋谷駅前に「コスモ渋谷館」を落成している。この時点で、葛和満博の目はすでに首都圏よりも地方都市へと向けられていたのだが、店舗銀行の主要顧客であるオーナーもユーザーも、やはり東京に集中しており、需要は高かった。

そこで、地方都市への進出と並行して、一九八四（昭和五九）年一二月には港区赤坂に「ジャスマック赤坂館」を落成した（のちに売却）。その後、一九九一（平成三）年一月には目黒区に「ジャスマック八雲スタジオ」を落成している。こちらは、落成から三〇年近く経った現在も撮影スタジオ、結婚式場、披露宴会場として幅広く利用されている。

その一方で、「北と南の地方都市」への展開は前出の三都市だけにとどまらず、

ジャスマック熊本館

さらなる拡大を見せていく。
これも既述の通り、福岡の九州支社（現・福岡営業所）と同時期の一九七八（昭和五三）年九月に青森に東北支社（現・青森営業所）を開設したジャスマックは、一九八二（昭和五七）年一月に「ジャスマック青森橋本館」、同年八月に「ジャスマック秋田館」、一〇月に「ジャスマック弘前館」をそれぞれ落成した。さらに一九八四年七月には「ジャスマック青森本館」（現・ジャスマック青森館）を落成し、この時点で青森県に三か所、秋田県に一か所の店舗銀行システム採用の飲食ビルが完成した。葛和は言う。

「東京でも、地方でも、飲食店でお客様が一回当たりに遣う金額、つまり客単価はほとんど変わりません。その一方で、店側にかかる経費は、家賃にしても人件費にしても、地方のほうがはるかに安上がりです。ということは、地方都市のほうが利益率は高く、それだけ店ももうけが出やすいということになります」

ビルを一棟新築する場合、建築費用は東京でも地方都市でもほとんど差はない。だが、地価はけた違いに東京のほうが高く、維持に必要な固定資産税などの諸費用も高いから、同規模のビルを建てるとすれば、総費用は二倍、三倍、あるいはそれ以上にも膨らむ。そこを貸し出すとして、家賃設定はどうするか。東京より安くし

ジャスマック八雲スタジオ

なければ借り手はつかないといっても、こちらは半額以下にまで下げることはあるまい。せいぜい六割というところだろう。つまり、店舗銀行側としても、地方都市のほうが断然利回りが高くなるのである。

「ですから、私は昔から『商業ビルを建てるなら東京の二等地、三等地より、地方の一等地のほうが有利だ』と考え、事業を展開してきました」と葛和は語っている。

お客にしても、大都市なら入る飲食店の選択肢が多いが、地方では相対的に少ないため、お気に入りの店が二、三軒もあれば、だいたいはその中を順繰り通うことになる。行きつけの店なら変に気を遣わずにくつろぐことができるし、店の人間とも親しくなり、常連ならではのサービスを受けられるなどのメリットもある。そういう常連客が何人かいることで、店のほうでも月々の売上を見込むことができ、双方にとってよい関係が築けるというものだ。

北は北海道、東北。そして南には、九州支店のある福岡。これに加えて、ジャスマックでは一九八三（昭和五八）年六月に熊本営業所を立ち上げ、翌一九八四年六月に「ジャスマック熊本館」を落成している。

九州地方で二つ目の拠点であり、北九州に続いて南九州にも店舗銀行システムによる飲食ビルが建った。さらにその後、前章で取り上げた長崎へも進出し、これで九州地方では三県で展開を果たしたことになる（なお、バブル絶頂期の一九九〇年代初頭には、千葉の幕張新都心での大型商業施設開発、神戸のウォーターフロントでのホテル開発、北九州の新日鉄所有地を利用した巨大集客装置の開発など、葛和がプロデュースした大規模プロジェクトが複数動いていた。ただし、これらはバブル崩壊によりそのほとんどが実現に至らなかった）。

一般的な国内企業であれば、この後は未だ拠点展開のない中国・四国地方や近畿・北陸地方、東海地方や東京以外の関東各県などに目を向けることになっていただろう。実際に、一九九五年に竣工した大阪市住之江区の「大阪ワールドトレードセンター（ＷＴＣ）ビルディング」（現・大阪府咲洲庁舎）では、葛和は商業施設のプロデュース業務を請け負ってもいる。

だが、葛和満博の目はその頃、これらの国内市場をまったくと言っていいほど見ていなかった。もちろん、国内市場にもそれぞれ需要はあるだろうし、ジャスマックにはノウハウがある。やろうと思えば、全国制覇ということも不可能ではなかったかもしれない。しかし——後述するように、その頃すでに葛和の目は狭い日本国内を離れ、遠く海外へと向けられていたのであった。

書籍出版や講演など、「店舗銀行システム」の普及活動に努める

地方都市に次々と飲食ビルを建てていくのと並行して、葛和満博は自らが考案した店舗銀行システムの普及活動にも精力的に取り組んできた。

どんな合理的なシステムも、利用者がいなければ成り立たない。それが多くの人にとって未知の、新しいシステムであればなおさらだ。そのシステムについて知らなければ、誰も利用しようとは考えない。

ジャスマックの前身である飲食界情報管理センターを旗揚げした頃から、葛和はさまざまな書籍を執筆してきた。第一章でも記したように、最初の著書である『飲食業のオーナーになって儲ける法』（一九七七年九月／日本実業出版社）をはじめ、『飲食業の革命方式』（一九七八年四月／ＫＫベストセラーズ）、『パパママ店経営法』（一九七八年一一月／ＫＫベストセラーズ）と、わずか一年余りの間に三冊の著書を出版している。

その後も、

『あなたの財産が確実に増える』（一九八三年四月／自由国民社）、

『商業ビル経営の実態』（一九八八年一一月／日本実業出版社）、

『不動産事業化戦略の実際』（一九九二年四月／ダイヤモンド社）、

『土地の事業化ノウハウ』（一九九四年一二月／ビジネス社）、

『新業態ホテル開発運営マニュアル』（一九九五年一〇月／ビジネス社　※ジャスマック商業施設研究所名義）、

『水商売経済学序説』（一九九五年一一月／総合法令出版）、

『石橋をたたいて渡る資産運用法』（一九九八年一〇月／総合法令出版）、

『あなたの資産が年利6％の利益を産む投資法』（二〇〇一年一一月／フォレスト出版）、

『お金持ちになれる宝の山のありかとは？』二〇〇三年一一月／経済界）、

『「生き抜く力」の法則』（二〇〇九年四月／経済界）、

『年利6％貯蓄型不動産投資術』（二〇一〇年四月／幻冬舎メディアコンサルティング）、

『「投資家」にも「経営者」にも小さな飲食店は最強の生き抜く力』（二〇一八年一月／ダイヤモンド社）、

『店舗力＋人間資本＝最強の飲食店』（二〇二〇年一月／ダイヤモンド社）……

「水商売経済学序説」

「店舗力＋人間資本＝最強の飲食店」

等々。

葛和が四〇年余りの間に出版した書籍の数々は、下手な著述業者も顔負けである。無論、これらすべてがベストセラーとなったわけではないが、中には初版発行時点から長年に渡って版を重ねてきたロングセラーも少なくない。

その一方で、新聞や週刊誌、建築・不動産や投資関連、飲食業、ホテルなどの業界専門誌でも、葛和は膨大な数の取材を受け続け、さまざまな専門分野の著述業者が、彼らの著書において少なからぬページ数を割いて葛和満博とジャスマックについて紹介し続けた。その結果、葛和の発した言葉は活字となり、さらに膨大な読者の目に触れ続けたのである。

無論、活字だけではなかった。葛和はあらゆる機会を通じて、パネルディスカッションや講演会などに参加し、パネリストや講師として壇上に立ち、自説を披露した。ゲストとして招待されることも年々増えていったが、ジャスマックが主催者側としてセミナーを開催することも多く、葛和の肉声を耳にする者も年を追うごとに増えていった。

例えば、一九九五（平成七）年四月に「大阪ワールドトレードセンタービルディング」で開催された、株式会社プラン・ドゥ主催の「ビジネス・クリエーション研究会」において、葛和は講師として壇上に立ち、「不動産ビジネス再生の決め手～不動産における所有と経営の分離が今後の潮流となる」と題する講演を行なった。これは、無数と言ってよいほど行なわれてきた葛和の講演のほんの一例に過ぎないが、たまたま詳細な講演録が残されていたこともあり、抜粋して再録することにする。

（前略）

一口に飲食業が成功したとか失敗したとかいわれますが、飲食業の失敗には店が悪くて失敗するケースと、やり方が悪くて失敗するケースの2つがあります。

例えば、飲食業を長くやっている人が独立して失敗するケース、これは明らかに経営者としてはプロだけれども店づくりの段階で失敗したということです。

つまり、立地の選び方を間違えたとか、業態の選び方を間違えたとか、あるいは自分の能力以上の規模の店を経営してしまったとか。悪い例になると、なんとか店を持ちたいがために、少し高い金利の金を借りてしまい、金利に追われることになっていまうなど、店づくりの段階で、すでに失敗しているケースは意外に多いのです。

一方、経営というのは毎日のルーティンワークです。ですから、店づくりに要求される能力と運営に必要な才能は別物と考えたほうが妥当かもしれません。それならば経営するよりも、儲かる店づくりに総力を上げて、店づくり段階での失敗をより少なくしたほうがいいのではないかと私は考えました。そうすれば、店づくり段階での悪い条件がなくなり、経営に失敗する確率が少なくなります。このような経験を経て、資本と運営の分離と同時に、店づくりと経営の分離に至ったわけです。

そして、このような考えに則って自分の店をリースし、同時にどんどん店を増やしていきました。ところで、店を増やすにはやはり資金が必要なわけですが、なかなか自分の力だけでは資金が得られません。そこで私が考えたのが、資金を持っている人に私どものノウハウで店をつくってもらい、それをお金はないが店をやりたいという人に貸すという方法です。（中略）

はじめは私どもも借り店をやっていたのですが、これが成功してくると家主から又貸しではないかと言われるケースがでてきましたので、それならビルごと建てようということになってビル建設にも足を踏み入れ始めたのです。（後略）

ここまでは講演の冒頭、講師としての自己紹介に当たる部分だが、実に簡にして要を得た説明ではないか。

何しろ四半世紀以上も前に行なわれた講演であるから、当時の世相を反映して、現在の目から見ると、実情にそぐわなかったり、不適切な部分があってもおかしくない。また、葛和にしても神ならぬ人間の身だから、予測がはずれることもある。

例えば、この講演の時点では「商業立地の地価は、一九八二〜五（昭和五七〜六〇）年頃の水準まで下がったら、それ以上はもう絶対に下がらない」と葛和は予測していたが、残念ながらこれは的中したとは言い難い。商業地地価はその後、一〇年以上にわたって下落し続け、特に地方圏では、二〇一九（令和元）年七月一日時点の基準地価においてようやく「一九九一年以来、二八年ぶりの上昇」が報じられたほどの惨状であったからだ。

ただし、「地価が下がらない」理由として、「なぜなら、商業立地では今後も十分に採算のとれるプロジェクトが見込めるから」だとする葛和の分析は的確であり、地価の上昇・下落は単に結果に過ぎない。そして何より、

・飲食業や商業は、付加価値のつけ方によってまだまだ需要がある

・商業施設とは、付加価値のつけ方によってマーケットを創造していくものであり、需要をつくっていくことができる

という葛和の基本的な考え方は、二五年経とうが五〇年経とうが、決して古びることのないビジネスの〝真理〟であるように思われる。葛和は言う。

「儲かる商業施設、つまり儲かる店をつくるノウハウと、それをきちんとマネジメント＝管理していくノウハウが今後の不動産ビジネス再生の決め手になる」

講演は続いて、ジャスマックのホテル事業、ブライダル事業についてそれぞれ触れた後、再び店舗銀行システムの話題に回帰する。


（前略）

やはりこれからの不動産業は、目的もはっきりしないまま商業ビルを建て、そしてそれを誰かに貸すいうだけではだめだということです。どういう商業施設をつくるのかを考えて、できれば建築家が内装まで一貫施工して事業としてつくりあげ、そしてその運営を任せる。すなわち「資本と運営の分離」です。そうしないと、ビルは建てたけれどテナントが埋まらないというケースに陥ってしまいま

す。（中略）

私は飲食業もホテルも、ある意味では水商売ではなくて統計学だと割り切っています。だから、不動産を事業化するということは、事業主とオペレーターが運命共同体になって、少しでも収益を上げていく仕組みをつくるということです。

（中略）

今まで飲食業が投資の対象にならなかったのは盲点だと思います。生産業も流通業もやはり価格競争が原則ですが、一番付加価値を出せるのは人間のサービスですから、その意味でも飲食業は投資の対象として大きな可能性を持っていると思います。（中略）

このようなジャスマックの店舗銀行システムは、資産運用においても革新的発想をもたらしたと思います。今の時代に5％でいいから確実に儲かる商売がどこにあるでしょうか。ないでしょう。しかし、飲食業なら確実に5％儲かります。これほどいい資金運用はどこにもありません。（中略）

私は今までそういうこと（※フランチャイズ・チェーン）でオーナーを集めた時期もありましたし、自分でビルを建てた時期もありました。ホテルもやってます。しかし、私はこのように話をしたり出版したりして、利回りを保証しますから来てくださいといってオーナーを集める気持ちはありません。

そうではなくて、（中略）私の話を聞いて、不動産ビジネスを活性化させる突破口はあるのではないかと思われたら、私どもはそういうところへ行って自分の経験から得たノウハウを提供したいと思います。そういう仕組みは、かつて分譲マンションができたことによって、ずいぶんと経済が活性化したように、今の時代に合った必要な仕組みだと思うのです。（後略）

葛和はこのような講演を、最盛時には年に十回～二十以上も行ない、これと並行してマスコミの取材対応や書籍の執筆なども精力的にこなしつつ、店舗銀行システムを核とするジャスマックの事業の普及に取り組んでいた。無論、これらのこともジャスマックの社長としての重要な業務の一環ではあったが、どちらかと言えば〝雑務〟に近いかもしれない。

これに対して、いわば〝本業〟における葛和のビジネス活動はこの時期、どのようなものであったか。

カナダ・トロントの不動産取得と、その顚末

序章で述べたように、葛和満博は大連で生まれ、満州で幼少期を過ごした。言ってみれば、葛和自身が「海外出身の帰国子女」であり、受験生時代には得意の英語を生かして通訳のアルバイトに励み、それが縁で大学生になってから貿易業を始めたほどだから、もともと〝海外〟に対する苦手意識は皆無であった。従って、事業の成長にともない、ジャスマックという会社が海外市場へと雄飛することになるのは必然の成り行きと言ってよかった。

一九八〇年代後半から一九九〇年代初頭にかけてのバブル経済最盛期には、多くの日本企業が競い合うように海外へ進出していったが、ジャスマックの海外戦略はそれらよりも遥かに早い。実に、飲食界情報管理センターからジャスマックへと社名変更した翌一九八一（昭和五六）年には、アメリカに現地法人「ジャスマック・ＩＮＣ」を設立していたのである。

当時、ジャスマックでは経済評論家にしてジャーナリストの亀岡太郎氏（故人）を代表とする株式会社亀岡太郎取材班に編集を委託した『ＪＡＳＭＡＣ ＷＯＲＬ

D』という自社媒体を発行していたが、同誌のVOL．４（一九八一年一〇月一五日号）には「ジャスマック　アメリカ上陸!!」の大見出しとともに、葛和自身による次のようなコメントが寄せられている。

個人資産運用はこれまで国内だけのものと考えられてきましたが、これからは海外に目を向ける必要が十分にあります。日本は島国であるため外国に占領されたり支配に苦しんだという経験がありません。そのため日本人の資産運用感覚はどうしても国内だけの視野に限定されてきました。しかし、ヨーロッパや中近東・アジアなどの外国人は、これまで盛んに海外での資産運用を展開しています。

葛和は続いて、「海外への進出は資産の保護と運用」にあり、資産の運用先の選定についてはカントリーリスクを見きわめる必要があることから、今回、アメリカを視察した、と述べている。その結果、「非常に投資に向く国情を持っている」ことがわかった、として理由を解説し、さらに、問題となる点についても検証した上で、次のように語っている。

（前略）そこで、ジャスマックでは、個人資産運用のために、アメリカに現地法人ジャスマック・ＩＮＣを設立しました。これによって、アメリカにおける個人資産運用の窓が開かれたといっても過言ではないでしょう。ジャスマックのオーナーの中にも、「アメリカでの投資を考えたい」という人が急増し、この要望に応える意味でもこの会社を設立したわけです。

同社は、アメリカでジャスマックシステムを展開、土地、ビルを購入しソーシャルビルをつくっていく予定です。（中略）

ジャスマックでは、すでにジャスマックＩＮＣ（原文ママ）を設立、後は資産運用にピッタリの物件が見つかりしだい、活動を開始する予定です。（後略）

なお、その後、一九八七年頃に行なわれた何度目かのアメリカでの現地視察の際、葛和はフクエ夫人（現・ジャスマック　代表取締役社長）とともに、ニューヨーク市マンハッタン区ミッドタウン五番街の「トランプ・タワー」を候補物件として視察している。これはビル全体の購入ではなく、区画販売という形であったが、結果的に葛和はこの話を見送っている。ただ、この時、葛和は耳寄りな話を聞いたという。

カナダ、オンタリオ州の州都トロント――。当時、ジャスマックの海外戦略にとって有望な候補地となりそうだ、という情報であった。

葛和はさっそく、現地を視察してみることにした。

当時、日本経済はバブル景気の絶頂期を迎えようとしていた。

ジャスマックは、〝長銀〟こと日本長期信用銀行（現・新生銀行）からの潤沢な融資を受けて資金調達に悩むこともなく、積極的に事業を展開していた。一九八〇年代後半に、福岡のホテル イル パラッツォ、札幌のジャスマックプラザなどの大規模プロジェクトをほとんど同時進行で手がけることができたのも、長銀からの融資によるところが大きかった。

その一方で、バブルによる地価高騰は首都圏だけにとどまらず、地方都市でも主要な大都市は軒並み地価が上昇し続けており、もはや、国内で新たに土地や物件を取得しても採算が合わないケースがほとんどであった。

そこで、葛和満博は海外不動産に活路を見出そうとしていた。旅先で耳にした情報を頼りに、予定外のトロントまで足を運んだのも、そのためである。

トロントの沿岸部に、ヨークヴィラ（現・ヨーク地区）と呼ばれる場所がある。

現在は合併してトロント市の一部に組み込まれているが、この当時は独立した市制が敷かれていた。

葛和はこのヨークヴィラが大いに気に入り、現地をつぶさに視察すると、いくつかの土地の購入を決めたという。その一つが、一九九一年に竣工した「ラディソンアドミラル　ホテル　トロント　ハーバーフロント」（Radisson Admiral Hotel Toronto-Harbourfront）である。

同ホテルの用地取得から建築工事と並行して、葛和はカナダ東部最大の店舗面積を誇るショッピングモール、「イートンセンター」（Toronto Eaton Centre）に目を付けた。イートンセンターは、当時カナダ最大のデパートチェーンであったイートンズが、トロントのダウンタウンに一九七七年にオープンしたイートンズ店舗を核に開発が進められてきたショッピングモールとオフィスビルの複合施設であり、葛和が用地取得した時点でもまだ一部の地区は開発計画の途上であった。当時を振り返って葛和は言う。

「もう、国内よりは海外。その時は、私自身が現地に移住しようと考えていて、市民権も取得しました。もう、日本を離れようと思っていたので、国内での事業にはあまり力を入れませんでした。トロントに家も買いましたし、長男もトロント大学へ入れました」

葛和は本気だったそうだが、完全にトロントに生活拠点を移すところまではいかず、現地へ行っては一週間前後滞在し、また日本へ戻ってくるという、行ったり来たりの生活が続いていた。日本で数々のジャスマック物件を手がけた弾設計の金子満も、この頃、葛和とともにトロントへ来ていると言う。

イートンセンターでの開発に当たり、葛和は一人のカナダ人建築家を紹介してもらうことになった。

当時、世界一高い自立式建築物であったトロントのＣＮタワー（Canadian National Tower）の設計にも携わったカナダの建築家集団ＷＺＭＨアーキテクツ（WZMH Architects）のメンバーであるボリス・ゼラファ（Boris Zerafa）である。彼に仕事を依頼するに当たり、葛和は、ゼラファ夫妻を日本に招待し、札幌のジャスマックプラザに泊めて手厚くもてなしたという。

葛和の取得した用地は、文句なく一等地ではあったが、用途制限で住宅地区となっていたが、葛和はゼラファのアドバイスを受けて商業地に用途転換の手続きを行なった。その結果、現地の法律によってミュージアム施設を併設しなければならなくなったものの、ゼラファは葛和の依頼に応えて、新しいビルの設計図を書き上げ、精密な建築模型もつくった。現地の役所による建築確認も無事に完了した。
だが――そのビルが実際に着工する日はついに訪れなかったのである。

世間で言うバブル崩壊が〝いつ〟起こったか、正確に答えることは難しいが――葛和満博とジャスマックにとっては、一九九三（平成五）年頃、日本長期信託銀行が突如として融資を引き上げたのが、〝その時〟であった。

葛和の対応は迅速といってよかった。

すべての保有不動産をただちに長銀に返却し、日本へ引き揚げることにしたのである（個人資産として、当時トロント大学経済学部に在学中だった葛和の長男伸隆の住んでいた分譲マンションだけは残した。このマンションには現在、葛和の妻方の姪が住んでいるという）。長銀は、これらを現地のリーマンブラザーズの関連会社に売却した。葛和の判断が素早く、また、一等地の物件ばかりであったため、最終的には借金も残らず、収支トントンで清算することができた。それらの顛末を総括して、葛和はしみじみと言う。

「何故あの頃、あれほど日本から離れようと思っていたのか……。よく覚えていませんが、例えば、世界的に見て、東京が最高の街だとは思っていなかったということが一つ。私自身が海外の生まれだということも理由の一つかもしれません。トロントの街を初めて見たとき、ほとんど一目惚れだったものですから、最終的に失敗に終わったのは、やはりショックでしたね」

長銀はそれから五年後、一九九八（平成一〇）年一〇月に経営破綻し、一時国有化されることになったが、最終的にアメリカの企業再生ファンド・リップルウッドほか外国資本に売却され、二〇〇〇（平成一二）年六月に「新生銀行」として再スタートを切ることになる。

八雲スタジオ開設とウェディングプランナー養成スクール開校

レストランや宴会場など、ジャスマックがこれまで取り扱ってきた商業ビルやホテルなどの事業には、ブライダル業界との関連性が深いものがいくつかあった。また、葛和満博の妻である葛和フクエはもともとブライダル事業への関心が高く、本人たちの結婚式も妻の希望で当時はまだ一般的ではなく、手配も煩雑であった海外挙式を敢行したほどで、結婚後も、特にアメリカなど海外で盛んなハウスウェディ

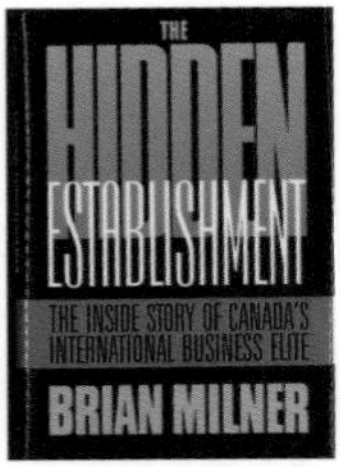

葛和のカナダでの活動が記録されているＢＲＩＡＮ ＭＩＬＮＥＲ著『ＴＨＥ ＨＩＤＤＥＮ ＥＳＴＡＢＬＩＳＨＭＥＮＴ』

ングについては、独自にさまざまな研究を重ねてきた。ジャスマックのホームページを見ると、「欧米諸国のパーティ文化に親しむうちにブライダル事業の魅力に目覚め、自宅をゲストハウスにして参加者全員が楽しめる『ハウスウェディング』を」始めた、とある。

一九八九（平成元）年六月、ジャスマックは葛和フクエを代表とする一〇〇％子会社として株式会社ジャスマックエージェンシー（現・ジャスマック ウェディング事業部）を設立し、ブライダル事業を開始した。

同社は「おもてなしの心」を企業理念として、常にクオリティを追求し、お客が心から満足してくれるこだわりのウェディングを提供することをミッションとしていた。また、一年半後の一九九一（平成三）年一月に目黒区八雲で落成した「ジャスマック八雲スタジオ」は、さまざまな形で同社の事業活動に寄与することを想定した施設であった。

八雲スタジオの建築には、これまでに数多くのジャスマックの店舗ビルやホテルを手がけてきた弾設計の金子満が起用された。

なお、ここはブライダル事業の結婚式場や披露宴会場として利用されているだけでなく、高級住宅地の中に建てられた撮影スタジオとして映画やドラマ、雑誌等の撮影スタジオとしても利用されている。ハリウッド映画や国内の人気ドラマの中にも、この八雲スタジオで撮影が行なわれた作品がいくつもある。

また、その優れたデザイン性と使用されている石材の品質の高さにより、落成翌年の一九九二（平成四）年五月には、八雲スタジオ自体がイタリアにおける大理石に関する事業団体であるＩＭＭから「大理石賞」を受賞している。

「八雲スタジオ」の落成からすでに三〇年近く経っているが、葛和満博も自宅に近いこの建物を大変気に入っており、オフィスとして公私にわたって長年愛用しているという。

ジャスマックのブライダル事業分野に関しては、前述したように葛和フクエが全面的に取り仕切っており、夫の葛和満博にしても把握していない点が多いという。それだけパートナーを信頼している、ということでもあろうし、また、餅は餅屋で、専門外のことはすべて本職に任せることができるという合理主義の発露でもあるのだろう。

いずれにせよ、葛和フクエは自身の裁量で事業を自由に展開できるという環境にあった。

そこで彼女が考えたのが、「上質で個性的、真心のこもったウェディングプロデュースを担うことができる、自立したスペシャリスト」を自らの手で育成することであった。

そのために、二〇〇〇（平成一二）年一月には、ホスピタリティビジネスの本場であるアメリカに本部を置く、ウエディングプランナーの国際資格認定機関「ウエディングス　ビューティフル　ワールドワイド（ＷＢＷ）」の日本支部（ＷＢＪ）を設立し、日本での独占営業ライセンスを取得した。

米国資格であるＷＢＷ『認定ウエディングスペシャリスト（ＣＷＳ）』だけでなく、その後は日本独自に開発した教育プログラムとして、二〇一〇（平成二二）年に「日本のウエディングプランナー育成プログラム」、二〇一一（平成二三）年には婚礼衣裳の専門家を養成する日本初の教本「日本のドレスコーディネーター育成プログラム」を編集、上梓した。

両テキストは、ＷＢＪ「認定ウエディングプランナー」およびＷＢＪ「認定ドレスコーディネーター」の資格試験に対応し、スペシャリストと併せ日米三つの資格認定を行い、優秀な人材の育成に力を注いできた。卒業生はプランナー職にとどまらず、ブライダル業界の幅広い分野で活躍しているという。

さらに、遡ること二〇〇八（平成二〇）年には人材サービス事業を開始し、「人」を通じた業界全体の活性化に貢献している。

そして二〇一三（平成二五）年には、これまで培ってきたノウハウの集大成として「ウエディングス　ビューティフル（ＷＢ）協会」を設立。さらにＷＢＷ『認定ウエディングスペシャリスト（ＣＷＳ）』ＷＢＪ「認定ウエディングプランナー」ＷＢＪ「認定ドレスコーディネーター」の三資格すべてを取得した者に与えられる「スリースターメンバー」と、ブライダル教育に携わる優秀な指導者に与えられる「エグゼクティブインストラクター」認定制度を発足させた。

二〇一四（平成二六）年には、「ウエディングス　ビューティフル　ハワイ」の運営ライセンスも獲得し、体験型のオリジナル海外研修プログラムを企画・実施している。

さらに、近年は執筆活動にも取り組み、著書『ＬＧＢＴウエディング』（二〇一七年一月／ビオ・マガジン社）は、日本社会における性の多様性の進化や結婚の平等化を願って出版したという。

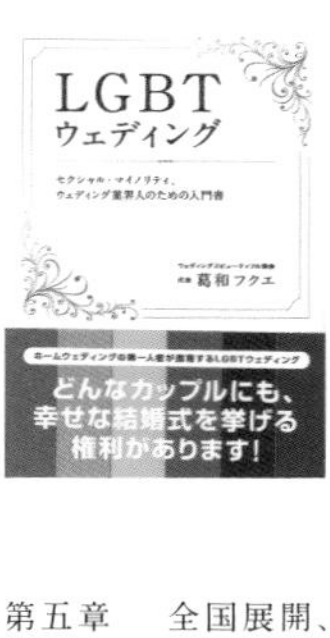

『ＬＧＢＴウエディング』（ビオ・マガジン社／二〇一七年）

なお、話は前後するが――前述した「大阪ワールドトレードセンタービルディング」の商業施設をプロデュースする業務の際、葛和満博はここに「結婚式場をつくる」というプランを打ち出し、実現している。これは、竣工当時は交通アクセスがやや不便であったため、葛和は「目的意識をもって来てもらえるような施設をつくらなければならない」と考えたからだという。確かに、交通の不便な場所には、何か具体的な用事がなければなかなか足を運ばないだろう。葛和はこのことを「そこに何か『こと』がないとなかなか人が来てくれません。そういう意味で『こと』を仕掛けるための舞台をつくろうということがこの施設のひとつの考え方」と述べている。以下、前述した葛和の講演「不動産ビジネス再生の決め手」から抜粋する。

(前略)施設づくりのなかでは、余分なものをできるだけ削ってコストダウンに努めるのですが、そういうなかにも、やはりどうしてもこれだけは主張しなければならないということがあります。この施設の場合は「こと」を仕掛けるということが私どもの主張であったわけです。では、目的意識で来てもらうためにはどういうマーケットがあるだろうかというと。そのひとつに結婚式があり、しかもここは非常に展望がいいということになります。そこで、私どもでは新しいコン

セプトで結婚式場をつくる、つまり収入の核をそこにもっていこうというふうに考えました。（後略）

比較してみれば一目瞭然だが、葛和フクエと葛和満博のブライダル事業に対するスタンスや基本的な考え方はまったく違う。

「人」にこだわり、上質な結婚式を実現するスペシャリストの育成に努める葛和フクエ。

施設づくりの観点から、あくまで合理的、数学的にブライダルビジネスを捉える葛和満博。

互いの得意分野が食い違っているからこそ、かえって絶妙な組み合わせになっているのかもしれない。ある意味、お似合いの夫婦というべきか――。

終章　ジャスマックと「店舗銀行システム」が描く未来

アフターコロナを生き抜く支えになりたい

もし、後世の人間が過去を振り返ったとき、二〇二〇（令和二）年というこの年は、どのような意味を持たされることになるのだろうか――。

そんな途方もないことをつい考えてしまうほど、二〇二〇（令和二）年前半は前代未聞の出来事が立て続けに起こっていた。

新型コロナウイルス感染症（ＣＯＶＩＤ‐19）の爆発的な感染拡大の中で、日本経済はほとんど壊滅的とも言える大打撃を受けた。いや、状況は現在進行形で悪化しつつある。さらに言うなら、事は日本一国だけの問題ではなく、世界中どこへ行ってもウイルスからは逃れられない。ということは――この世界に生きる限り、我われはいや応なく、新型コロナウイルスと共存していかなければならないことになる。

このような時代について、葛和満博は次のような見解を述べている。

「ものすごい不況が来る、ということは私も予感しています。確信している、と言ってもいい。

物が売れない。会社が潰れる。多分、大手企業の三割ぐらいは倒産するでしょう。経済評論家の浅井隆氏はもっと厳しく『世界同時破産』とまで言っています。世界的に消費が落ち込み、三割の企業と国が潰れる、と。」

常に前向きな思考と言動で知られる葛和満博がここまで言うのだからただ事ではない。葛和は楽観主義者ではないが、必要以上に悲観的なことを口にして不安を煽るような人間では断じてない。

その葛和をして、ここまで言わしめる状況にあるのが二〇二〇（令和二）年現在の世界経済の実態なのである。だが、葛和はこう言葉を続ける。

「とにかく、今はそういう状況にあります。ものすごい不況がやってくる、会社はどんどん潰れる。これを、『アフターコロナ』という時代がどういうものになるか、少しずつ見えてきた、という見方をすることもできると思います」

国も、企業も、渇仰するような思いで口にする「アフターコロナ」。この言葉は、当初のうちこそ「コロナ禍が完全になくなった＝解決した時代」というニュアンスで口にする者もいたが、今やそこまで楽天的なニュアンスは失われている。現在では「コロナ禍が発生する以前の時代＝ビフォアコロナ」に対して、「コロナ禍以降の時代」を指す言葉として用いられることが一般的である。葛和の言う「アフターコロナ」もその意味に違いない。

「もう、例えて言うなら終戦直後ですよ。落ちるところまで落ちる。まさに終戦後のような状態にまで経済は落ち込んでくると思っています。でも、そういうどん底の状況だからこそ、我われの『店舗銀行システム』のように『お金がなくても小さな店が自分でできる』というビジネスモデルが生き抜く支えになるはずだ。そう考えています」

生き抜く支え——と葛和は口にした。単に生き残れる可能性というのではなく、チャンス、と。そのことを指摘すると、葛和はちょっと困ったような表情を浮かべて、こう訂正する。

「ともかく大変な経営者を支えていきたい。『店舗銀行システム』はアフターコロナで必要とされるビジネスモデルという考え方です」

現実に、大多数の人間が困窮している現状に対して、まるで商機のような即物的な捉え方をするのは葛和の本意ではないのだろう。

「例えば、今朝の日経新聞(二〇二〇年七月六日号)には『企業の格下げ最多、世界で一四〇〇社　中銀支援で債務拡大』という記事が載っています。今、大手企業が考えているのは、とにかく予備の資金を手元に置いておこうということです。

大手のことは別として、では我われジャスマックは生き残れるのかと考えたとき、私はもうかなり以前からいろいろと準備してきたわけです。経済のサイクルを踏まえて、まだ先行きの見通しの明るいうちから……。そこはやはり、私は終戦直後の最悪の時代も経験していますから、生き残るための方策については絶えず考えるようにしてきました」

葛和が繰り返し口にする〝終戦直後の日本〟を肌身で知っている人間は、この国の政治・経済のトップにいる人間たちも含めて、今や数少なくなった。その意味で、今なお現役の経済人である葛和満博の言葉には盤石の重みがある。

「ですから、ジャスマックではかなり以前から、いいところだけ残して、縮小のサイクルに入っていたわけです。

現在、ジャスマックが自社で保有している物件は、渋谷の一等地、長崎の一等地、熊本の一等地、福岡の一等地、そして札幌はすすきの南東のエリア一帯を押さえています。『ジョイフル酒肴小路』にしても、『ジャスマックプラザ』にしても皆そこにあります。

逆に、それ以外の物件は全部処分したか、処分予定の対象に入っています。できるだけ縮小しつつ、いいところだけを残して。つまり、経営学者の小山昇氏（株式

会社武蔵野 代表取締役社長）が言うところの『スモールテリトリー&ビッグシェア』（小さなマーケットで大きなシェアを取る）という戦略です。

これに伴い、借金のほうも、ずいぶん前から減らしにかかっています。こういう時代に生き残るためには、まずは借金を圧縮しておけということなんです」

葛和は続いて、具体的な借入先や金額についても言及したが、それは割愛しておく。いずれにせよ、コロナ禍が始まる以前から、ジャスマックが保有する資産の整理にかかっていたのは紛れもない事実である。葛和は事もなげに口にするが、本来であれば、この二〇二〇（令和二）年には東京五輪が開催され、国を挙げてインバウンド獲得に血道を上げていたという状況を思い起こせば、結果的に何という先見の明であろうか。

保有資産の整理と借金の圧縮に続くステップとして、葛和は「なるべく現金を手元に置くこと」を提言している。

「今、オーナーとジャスマックで持ち合いになっている物件がありますが、その当社の持ち分をすべてオーナーに売却するつもりです。価格はもう少し下げる必要があると思いますが、私の知っている限りでは、安心して投資できる対象がなくて困っている人はたくさんいますから。それで、売却できた分は全部現金で備蓄しておこうと考えています。

要するに、台風が来ることはわかっているので、備えはきっちりしておくということ。こういう考えは、苦労したことのある人間でないとわからないんですよ。しばらくは冬ごもりに徹して、春が来るのを待つしかないんです」

避けようのない「ものすごい不況」を、葛和は「台風」と表現した。日本人にとってわかりやすい比喩であるだけでなく、台風には「いずれ去る」という性質がある。台風が来る時に何の備えもしていなかったり、あるいは台風が来ている時にふらふら出歩いたりすれば生命の危険もあるが、安全な場所でじっと耐えていればいつかは過ぎ去っていくものだ。

そして、台風の去った後には、復興の時代が来る。葛和が言っているのはそういうことなのだろう。新型コロナウイルス感染症という疫病を完全に撲滅できるかどうかは医療の領域であり、素人にどうこうできるものではない。だが、現在のコロナ禍という不況を克服できるかどうかはあくまで経済の領域であり、葛和満博の専門分野なのだ。葛和は言う。

「今、私がしなければならないことは、ジャスマックの抱えている飲食ビルの空室をいかにして埋めていくか、ということです。確かに、現在のコロナ禍が始まって以来、不況が原因で退去していった店舗もあります。でも、それと同数か、あるいは少し上回るくらいの数の店舗が入ってきています。あとは、我われの頑張り次第です。

数多くの飲食業の皆さんが、大変に苦しい経営を続けていらっしゃると聞いています。それでも健闘している店舗を誘致して、ジャスマックの飲食ビルに移ってもらえれば、何とか生き残る道はあるのではないかと考えています。そこは責任者として、私がきちっと押さえていこうと。もちろん、楽観できるような時代ではありません。多くの飲食ビルは潰れていくでしょう。それでも――今の段階としては、だいたい突破できるだろうと思っています」

葛和自身も言っている通り、決して楽観できる時代ではない。四月、五月の緊急事態宣言下では、行政主導で飲食店は軒並み営業自粛を余儀なくされたし、解除後も七月以降の感染再拡大を受けて、世間では再び自粛の嵐が吹き荒れている。まさに逆風の時代だ。

それでも――葛和は信じている。自分のやってきた仕事に誇りを持ち、そこに確かな価値が存在することを確信している。

「結局、人間という生き物は、コミュニケーションなしには生きていけないんです。行きつけの小さな居酒屋へ行って、愚痴を言ったり、不平不満を言ったり、ささやかな自慢話をしたり……。そういうものなんですよ。終戦直後もそうだったし、今のコロナ禍だってそれは変わりません。そこに『小さな店』の存在価値がある。いくら偉い人に言われたって、そうそう家にこもってばかりいられるわけがないんです」

この葛和の信念のよりどころとなっているのは、あるいは、人間そのものに対する深い信頼感であるかもしれない。人間の持つ弱さや愚かさ、そうしたものまでひっくるめて、それでも懸命に日々を生きている一人ひとりの市井の人間たちの心情を、葛和は信じ、寄り添い、支えようとしている。それは、弱者を切り捨てることで自分たちだけは生き延びようとするつわものの論理とは真逆の態度である。葛和はさらに言う。

「もう、ずっと以前から言っていることですが、私は自分の会社が金儲けしたいというふうには考えていません。あくまで相互扶助の精神です。ジャスマックの『店舗銀行システム』が存続することで、一人でも多くの人助けに繋がればいい。だから、ビルを増やさなくても、オーナーが増えればいい。会社を大きくするよりも、システムが大きくなってくれればいいと考えているんです」

葛和の言葉を補足すれば——ジャスマックの「店舗銀行システム」は確かに葛和の考えたビジネスモデルであり、ジャスマックには多くのノウハウが蓄積されている。だが、葛和はこれまで、多くの著書や講演活動を通じて、その具体的なノウハウを惜しげもなく公開してきた。それを真似て、あるいは積極的に参考にして、同じようなシステムを構築することも不可能ではないはずだ。もちろん、競合することになれば、先駆者たるジャスマックには一日の長があり、そうそう後発組には負けないという自信もあるのだろう。

それでも、いずれ商売敵になるかもしれない相手に葛和が敢えて手の内をさらすのは、このシステムを採り入れることで、そのままでは潰れてしまう企業が生き残り、その結果、一人でも多くのオーナーやユーザー、ひいてはこの国に生きる一人ひとりの人間が助かる道が開けるかもしれないからなのだ。葛和が「相互扶助」という言葉を用いたのは、そこまで考えてのことに違いない。

葛和の近著（『「投資家」にも「経営者」にも小さな飲食店は最強の生き抜く力』及び『店舗力＋人間資本＝最強の飲食店』）に推薦文を寄稿している経営評論家で調達コンサルタントの坂口孝則氏は、二〇一七（平成二九）年五月に「シェアリングサービス時代における飲食店の始め方（ちょっと感動）」と題して、葛和との対談を含むWeb記事を発表しているが、同記事の中で「葛和満博氏という預言者（原文ママ）」と記している。

（前略）その本には、たとえば、ロバート・キヨサキ氏が、あるいは竹村健一氏が、あるいは邱永漢氏が述べていたことを、あるいは現代の論者が語る利殖法を、はるかに先取りする言説に溢れていたからだ。（中略）

私は、経営と資本の分離もさることながら、飲食店の場をシェアリングする先見性に驚きました。（後略）

（https://news.yahoo.co.jp/byline/sakaguchitakanori/20170524-00071266/）

この文脈からすれば、「未来に起きる出来事を事前にあらかじめ言い当てる者」という意味の「予言者」の誤字（変換ミス？）であるようにも思えるが、前述したような葛和満博の備える相互扶助の精神性を踏まえて解釈すれば、「霊感により啓示された神意（託宣）を伝達し、あるいは解釈して神と人とを仲介する者」という意味の「預言者」という表記は、案外的を射ているのかもしれない。

後継者たちの肖像

一九三一（昭和六）年一二月生まれの葛和満博は、二〇二〇（令和二）年の本書執筆時点で満八八歳——米寿を迎えている。

記憶も言葉もしっかりしていて矍鑠《かくしゃく》たるものだが、日本人男性の平均年齢（八一・四一歳）をとうに上回っていることもあり、すでに年初の時点で「あと二年で引退する」と公言している。葛和のような立場にある人間にとって、後事を託すに足る後継者の育成は欠かせない義務であると言えるが、ここまで述べてきた彼の事績からも知れるように、葛和の後継者となるべき人材はそうそうたやすく見つかるものではないだろう。

現在、ジャスマックの経営陣に名を連ねているのは、以下の四名である。

まず、取締役会長は葛和満博自身。

次に、現・代表取締役である葛和フクエ。葛和の妻である彼女の事績については、第五章で述べた通りである。ジャスマックのブライダル事業については彼女の能力によるところが多大ではあるが、年齢的にも立場的にも、葛和の後継者という立場には相当しないだろう。

葛和は「絶対、身内の人間には事業を譲らない」と固く心に決意したという。葛和には成人した五人の孫がいるが、彼らを後継者とするつもりはない、と断言している。

残る経営陣としては、専務取締役の肩書を持つ二名。

竹内正実と、重光優介である。

竹内正実は、現在残っているジャスマックの社員の中ではもっとも社歴が長く、第一章で触れたアモン商事時代（一九六〇年代）から葛和の下で働いてきた、いわば腹心中の腹心である。それだけに、葛和のやり方をもっともよく知る存在として、葛和も深い信頼を寄せている人物だ。ジャスマックがこれまで手掛けてきた飲食ビルの建築家やデザイナーについても熟知している。ただし、年齢的な問題もあり、二年後に葛和の後継者となるにはいささか遅きに失した感もある。竹内自身が後継者となるよりも、後継者の補佐役として引き続きジャスマックを支えていくことを、葛和も、竹内本人も望んでいるようだ。

もう一人の専務取締役である重光優介は、まだ三十代と経営陣の中では最年少とはいえ、デジタルネイティブ世代として、葛和がもっとも期待する世代である。その意味で、現在、もっとも後継者に近い存在と言えるのが、この重光優介だろう。

葛和は次のように語っている。

「これからのジャスマックの仕事に絶対に必要になるもので、私がやっていた時代にはまだこの世に存在していなかったのが『AI』という代物です。

今はもう、ほとんどの仕事がAIで処理できるようになりました。飲食業においても、例えば店舗設計であるとか、レシピ開発などはAIを活用すれば簡単に処理できます。その一方で、AIでは処理化することができない仕事というのもあって、我われの『店舗銀行システム』では人間力を、つまりAI化できない部分を担ってきました。

しかし、これからはもっと、『店舗銀行システム』のマネジメントにもAIを積極的に採り入れることを考えていかなければなりません。それを任せたいと考えているのが重光君です。竹内君にはこれまで通り、店づくりに全力を挙げて取り組んでいってほしいし、そこは任せられると信頼しています。

これまで何十年という歴史の中で、ジャスマックの店づくりの仕事をしていただいた外部のデザイナーや建築家、もうお亡くなりになった方も少なくありませんが、今も活躍されている方は、竹内くんが皆知っていますから。

そして、重光君には、今まで私が人間力でやってきた仕事を、現場管理から何からＡＩしていくという部分を託したい。要するに人間が考えるのではなく、データを集積して、オーナーやユーザーの審査でこの人はいいとか悪いとか、たくさんあるレイアウトプランのうちどれがいちばん目的に見合うものかを一瞬でＡＩが判断できるようにするとか。

これは、今まで私が書いてきたどの本にも載っていなかったことだと思います。つまり、ＡＩ化によって初めて『店舗銀行』が一般化していき、名実ともに『システム』になっていくわけです」

米寿に達した葛和が口にする「ＡＩ」の響きには、同世代にありがちな〝よくわからないもの〟への偏見や拒否反応は一切ない。あるのは、未知なるものへの好奇心と、その無限とも思える可能性への期待のみ。とはいえ、もちろんＡＩに関して重光に丸投げしているわけではなく、葛和自身もよく研究しており、その限界もちゃんと承知している。

「ＡＩというのは本当にすごい。今は、ほとんどの業務がすべてリモートワークであるとか、いろいろな形で変化しています。

ただ、そういう状況の中で、絶対にＡＩ化できないものが、例えば、小さな店の経営者との会話であるとか、そういう部分です。この部分がなくなってしまったら、人間は生きていけない。そういう意味でも、『店舗銀行』が頑張って、小さな店をたくさんつくり、街の中にそういう場所をつくっていければと思っています」

言うまでもなく、重光一人の力でそれができるとは限らない。しかし、ジャスマックには重光の大先輩である竹内もいるし、若い世代も育ちつつある。そして何より、実際に「店舗銀行システム」を利用しているオーナーと店舗ユーザーがいる。オーナーにしても、店舗ユーザーにしても、そのありさまは必ずしも固定化された立場と考える必要はないと葛和は指摘する。

「例えば、店舗ユーザーとして頑張ってお金が貯《た》まったら、自分でそのお店の区分所有者となってオーナーになることもできるんです。そこは融通が利きますから、オーナーはオーナーだけ、店舗ユーザーは店舗ユーザーだけであり続ける必要はないんです。長年、飲食店を経営してきた人が、リタイア後に小さな店を二店舗くらい持って、ときどき自分も行って店を手伝ったりするとか。

アフターコロナの、今の先が見えない世の中では、お金のある人も困っているし、お金のない人も困っています。そんな時代ですから、社会福祉であるとか、相互扶助というような事業でなければ、ビジネスも成長しないし、続かない。だからこそ、このコロナ禍の後がベストチャンスだと思います。私はこうして本も出しますし、講演会も先頭に立ってガンガンやっていくつもりです」

ここで再び、葛和はチャンスという言葉を口にした。

葛和満博の考える「卆寿」とは？

葛和満博が引退を予告している二年後には、彼は満九〇歳、卆寿《そつじゅ》を迎えることになる。

「卆寿」という言葉の由来は字を見れば一目瞭然、「九」と「十」の組み合わせだ。ただし、「卆」は「卒」の異体字であり、「卒」には「終わる、終える」という意味がある。だから、「卒業」と言えば学業を終えることだし、あるいは、高貴な身分の人間がその生涯を終えることを「卒去」ともいう。

そうした言葉の意味を踏まえて考えると、葛和が九〇歳を引退の年と宣言したことは、たまたま偶然のタイミングであったにしても、何らかの意図があるのかもしれない。

自身の引退ということについて、葛和は次のように語っている。

「つまり、もう身を引かなければならないと考えているんです。いつまでも、私が差配している『店舗銀行』であってはダメなんですよ。私もこの年だし、もし私がポックリ逝っちゃったらどうするのか、という話です。やはり、組織がしっかりしているとか、次を担う人間が私に代わって『店舗銀行』を支えてくれるようにしなければいけない。それを、この二年の間にやろうということです」

半年や一年ではさすがに難しい。かといって、三年も四年もかけていられる余裕はない。そこで「あと二年」という数字になったのかもしれない。

「二年の間に身を引く準備をします。その後、三年目から先のジャスマックがどうなっていくか、ある程度は生きて見届けたい。そうして、『良かったな』と思って人生を終わりにしたいと考えています。人間、いつかは死ぬものですし、私ももう、この年まで生きて、ずいぶん多くの人びとを見送ってきましたから、自分でもその覚悟は持たなければ、と思っています。だからこそ、手放すものは手放していかなければ……」

事実、本意であれ不本意であれ、葛和はこれまで手に入れてきた多くのものを手放してきた。福岡で展開してきたホテル群もそうだし、全国各地に建ててきた何棟もの飲食ビル、例えば「ジャスマック青森橋本館」や「ジャスマック赤坂館」などもそうだ。

骨をうずめるつもりで一〇年以上かけて準備したカナダ・トロントの事業も、一部は開業目前までいっておきながら、結局手放さざるを得なかった。そして今度は、飲食界情報管理センター設立から数えて五〇年となるジャスマックの経営を——いや、戦後七〇年以上にわたって続けてきた企業人としての生き方をも手放そうとしている。

「今後のステップとしては、まず、重光君にはしっかりと私とは違う視点から会社を見て、私に足りなかったものを補っていってほしい。また、組織として成長していくためには、ジャスマックの『店舗銀行システム』に興味を持ってくれるところと、事業提携なり資本提携を結ぶということも視野に入れて——例えば、どこかの大手企業であったり、あるいは地方銀行であったり、そういうところと一緒にやっていくことも考えてほしい。そのとき重光くんがしっかりしていれば、そのプロジェクトのリーダーシップを握ることができるわけです。

だから、もう私からは離していかなければダメなんです。個人や一つの会社に帰するものではなく、社会のシステムに戻していかなくては」

「店舗銀行システム」を「社会のシステム」に「戻す」と葛和は言った。やはり、葛和の真意はそこにある。「店舗銀行システム」は本来、葛和一個人はもとより、ジャスマックという一民間企業が独占するべきものではなく、あまねく社会全体に貢献すべきシステムであらねばならない。それが、生みの親である葛和満博の信念なのだ。

「私は、正直に言って、今さら金もうけしようとは思っていません。もう資産は十分にあるし、どうせ生きている間には使い切れない。私が死んだら、遺産は全部妻に託して、ゆくゆくは財団に寄付してもらう。子どもたちもいますけど、敢えて財産を残そうとは思いません。皆もう一人前に育てましたから、あとは自分の力で生きていけ、親の財産を当てにするな、と言っています。そのためにも、大事な節目だと思います」

前述したように、葛和は自分の血の繋がった子どもを後継者とはしなかった。そして、事業だけでなく、資産を残すつもりもないと言う。一見厳しいようだが、そこには確かな親としての愛情がある。親の役割とは、子どもを甘やかしてダメにすることではなく、子どもが自分の力で生きていけるように一人前に育てること。それは、わずか八歳にして父親を失くし、戦後の混乱期に母親を支えて幼い妹弟たちを守り、働きながら学校を出て、懸命に社会で生き抜いてきた葛和満博という人間にふさわしい〝愛情の示し方〟なのかもしれない。

ところで――葛和は先ほど、重光優介に期待することとして業務提携の可能性を示唆した。また、アフターコロナについて語るとき、慎重に言葉を選びながらも、しばしば「チャンス」という意味のことを口にしている。その真意について尋ねてみた。

「繰り返しになりますが――『店舗銀行システム』とは、『お金がなくても店ができる』『その店が今まで考えられなかった資産運用の投資の対象である』というシステムです。そして、これを結び付けることこそ、今の世の中に必要だと私は確信しています。

これからは、大手企業といえども一つ間違えるとつぶれてしまう世の中です。けれど、そんな世の中だからこそ、〝なりわい店の強さ〟というものが生かせるのではないかと考えています。そうして、『店舗銀行システム』が、アフターコロナの人の生き方にいろいろなヒントを与えてくれるものになれば、私は満足です。

私自身は、もう十分いい思いもさせてもらいましたし、先ほども申し上げたように、子孫に美田を残すつもりもありません。とはいえ、私個人の遺産を社会福祉に全額寄付しても、それだけでは世の中全部には行き渡らない。到底足りるものではありませんから。

そこで、人びとが自分の力でお金を稼げるようにする、その仕組みを残していきたい。それが『店舗銀行システム』です。ジャスマックはこのシステムの中にあって、常に株主サイドにいて、ダブルチェックでガバナンスを守る存在であってほしい。

ジャスマックの飲食ビルは、今残っているものは全部一等地にあります。今から新しくつくろうと思ってもまず無理でしょう。これらを『守っていく』のは当然として――実は、私は今、再び『攻め』の時期が来たと思っています」

本章の冒頭で、葛和は「今はじっと耐える時期」だという趣旨の発言をしたはずだ。それが、ここへきて「再び攻めの時期が来た」と言う。それはどういうことだろうか。

「今、こういうコロナ禍と呼ばれる状況になって、改めて思うことは、今こそ打って出るタイミングではないかということです。『店舗銀行システム』のオーナーの方々を味方につけて、できればどこかの地方銀行とも事業提携した上で。大手企業と手を組むとしたら、私だったら地方銀行を選びます。こちらから頭を下げるのではなく、相手のほうから興味を持ってきてくれれば。

今、このタイミングだからこそ、『資本と経営の分離』が改めて生きてくる。

再び『店舗銀行』を中心に、新しいデザイナー、アーティストと組んで前向きに攻める。今がそのタイミングなんです。そのときには、ジャスマック単体ではなく、例えば地方銀行と資本提携するという形で、新しい時代のニーズに合わせた『店舗銀行システム』にしていこうと考えています。また、飲食店ばかりでなく美容室やネイルサロン、エステサロンなどでも店舗銀行システムは大きな効果を生むことができるはずです。

ここまで経済が落ちてきたら、これをもう一度立ち上げる方法は、やはり人間の力しかありません。そのための『店舗銀行システム』です」

今、このタイミングだから非常に面白い――と葛和は繰り返し言う。そして、再び攻めに出るためのパートナーとして、地方銀行とその全国に広がるネットワークを候補に挙げる。その理由は何か。

「これから会社として一回り大きくなるには、地方での事業展開がポイントになります。そのためには、その地方の有力者と手を組むのが早道です。中途半端な相手ではダメで、だったら地方銀行と連携するのがいちばんいい。

その地方の土地情報などは、地主よりもむしろ地銀が握っています。新しく『店舗銀行』の飲食ビルを建てるにも、地銀との連携があればスムーズですし、『店舗銀行』のオーナーが地銀に口座を開設すれば、地銀サイドにも好都合でしょう。

地銀にしても、これからはさらに厳しい経営環境が続くと思います。これまではマンション投資が大半でしたが、今は物件もだぶついていて、借り手がつかない状況です。

だからこそ、「店舗銀行システム」。お金はないけどチャンスは欲しいという人と、多少のお金や土地はあるけれど安全に運用したいという人を結び付けるのに、これ以上の手段を私は知りません。アフターコロナの時代に備えて、今このタイミングこそがチャンスなんです。重光君とも常々話しているのですが、この地銀との連携の実現が、私にとって引退前の最後の挑戦になると思っています」

引退前の最後の挑戦。それは、いわば葛和にとって、ジャスマック会長としての「卒業試験」というべきものかもしれない。

あるいは、それが葛和満博の卆寿の祝いとなろうか——。

最後の取材を終えたとき、葛和がさりげなく口にした言葉が、今も印象に残っている。

「お金のための人生ではないし、逆に、私財をなげうってでも、システムを残していくために使いたいと思っています。それで、一人でも多くの人が幸せになったり、世の中が変わってくれるなら、もう言うことはないじゃないですか」

おわりに

本書の執筆がひと通り終わり、「店舗銀行」を多くの方に知ってもらうためのFMラジオの特番の制作が始まった。

私も制作スタッフの一員に加えていただき、「店舗銀行」によって運営されている札幌・すすきのの飲食店を取材させていただいた。

すでに10年以上営業を続けている「ｆｅｅｌ」、昨年オープンしたばかりという「Cの方程式」、「きーちゃんのおうちごはん」の三軒に伺ったが、コロナ禍の中、感染対策に万全の準備をされながら、実に様々な挑戦をされていることに驚かされた。

ＪＡＳＭＡＣ札幌のベテラン店舗である「ｆｅｅｌ」では、コロナ禍を感じさせないサービスで顧客を満足させていることに感心させられた。また、同ビルにある「Cの方程式」では、「月会費制」というこうした接待を伴うお店には珍しい、今、話題の「サブスク」を採り入れた料金システムを導入。お客様に安心で廉価でありながらも、質の高いサービスを提供されていた。また、「きーちゃんのおうちごははん」では、毎日日替わりで、80種類の「おすすめ」メニューを掲げ、お菓子教室の講師士資格を持つ女将さんが、特製のケーキを提供するという「おばんざい」を提供する飲食店ではとても珍しいメニュー構成を展開。男女ともに幅広い年齢層に人気を博していた。

また、長崎・思案橋WITHビルにも伺い、「ぽなぺ亭」を訪問。あんこの入ったたい焼きを作るための鉄器を利用して、白身魚の練り物で作った絶品の「名物たい焼き」をいただいた。

私が訪れた「店舗銀行」によって運営されているお店のすべてが、実にチャレンジングで素晴らしいサービスを提供されていることに脅かされた。

「店舗銀行」は葛和満博氏が提唱するように、経営者個人の「人間力」とそれを支える「店舗銀行システム」の絶妙なサポートがマッチしたとき、店舗に想像以上の大きな力が生まれることを確信した。

「店舗銀行システム」は、ただ安価な入居費用で開業を可能するだけではない。未来に向かって「挑戦する力」を与えてくれるシステムなのだと、今更ながらに痛感した次第である。

本書を執筆、編集するにあたり、株式会社ジャスマックの皆様に大変なご援助をいただいた。この場を借りて、御礼を申し上げるとともに、葛和満博会長、葛和フクエ社長のご健康、ご長寿、社業のご発展を心からお祈り申し上げたい。

著者

【著者】
岡田晴彦（おかだ・はるひこ）
1959年東京生まれ。1985年株式会社流行通信入社。『X-MEN』、『流行通信homme』の広告部門を担当、1995年退社後はフリーの編集者としてファッションブランドのマーケティングリサーチ、広告媒体の企画制作を担当。制作会社勤務を経て、2000年株式会社ダイヤモンド・セールス編集企画（現・ダイヤモンド・ビジネス企画）に入社、『ダイヤモンド・セールスマネジャー』、『ダイヤモンド・ビジョナリー』編集長を経て、2007年より同社取締役編集長。「ビジネスの現場にこそ、社会と人間の真実がある」がモットー。著書に『絆の翼　チームだから強い、ANAのスゴさの秘密』（2007年）、『テクノアメニティ』（2012年）、『陸に上がった日立造船』（2013年）、『復活を使命にした経営者』（2013年）、『ワンカップ大関は、なぜ、トップを走り続けることができるのか？』（共著・2014 年）、『12人で「銀行」をつくってみた』（2017年）、『食（おいしい）は愛（うれしい）』（2018年）、『サラリーマンショコラティエ』（2018年）などがある。

ドキュメンタリー「店舗銀行」
葛和満博──全仕事

2020 年 11 月 24 日　第 1 刷発行

著者 ──────── 岡田晴彦
発行 ──────── ダイヤモンド・ビジネス企画
〒104-0028
東京都中央区八重洲2-7-7 八重洲旭ビル2階
http://www.diamond-biz.co.jp/
電話 03-5205-7076（代表）

発売 ──────── ダイヤモンド社
〒150-8409　東京都渋谷区神宮前6-12-17
http://www.diamond.co.jp/
電話 03-5778-7240（販売）

編集制作 ────── 板鼻英俊（OWAVE）
編集協力 ────── 浦上史樹
本文ﾃﾞｻﾞｲﾝ ────── 齋藤恭弘
DTP ──────── OWAVE
撮影 ──────── 藤八州相（藤写真スタジオ）
印刷進行 ────── 駒宮綾子
印刷・製本 ───── 中央精版印刷

ISBN 978-4-478-08479-3